어른들을 위한 가장 쉬운
# 컴퓨터

어른들을 위한 가장 쉬운
컴퓨터

어른들을 위한 가장 쉬운

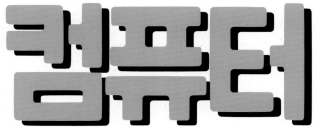

컴퓨터

# 어른들을 위한 가장 쉬운
# 컴퓨터

**초판 인쇄일** 2020년 12월 28일
**초판 발행일** 2021년 1월 4일
**2쇄 발행일** 2022년 2월 16일

**지은이** 구홍림
**발행인** 박정모
**등록번호** 제9-295호
**발행처** 도서출판 혜지원
**주소** (10881) 경기도 파주시 회동길 445-4(문발동 638) 302호
**전화** 031)955-9221~5 **팩스** 031)955-9220
**홈페이지** www.hyejiwon.co.kr

**기획 · 진행** 김태호
**본문 디자인** 김보리
**표지 디자인** 이영은, 김보리
**영업마케팅** 황대일, 서지영
ISBN 978-89-8379-576-2
**정가** 13,000원

이 도서의 국립중앙도서관 출판예정도서목록(CIP)은 서지정보유통지원시스템 홈페이지(http://seoji.nl.go.kr)와
국가자료종합목록 구축시스템(http://kolis-net.nl.go.kr)에서 이용하실 수 있습니다. (CIP제어번호 : CIP2020046000)

# 어른들을 위한 가장 쉬운

# 컴퓨터

혜지원

# 머리말

컴퓨터는 현대인에게는 거의 생활 필수품이라고 할 수 있습니다. 그만큼 컴퓨터가 우리의 생활에 밀접하다는 이야기겠지요.

사실 컴퓨터는 어려운 것이 아닙니다. 그러나 단지 '새로운 것'이라는 이유로 받아들이기를 어려워하는 분들이 있습니다.

이 책은 컴퓨터를 어려워하는 분들을 위해서 집필한 책입니다.

컴퓨터를 켜는 방법에서부터 키보드와 마우스 사용법 등의 설명에서 시작하여 파일을 만들고 복사하는 방법 등 기본적인 부분을 설명하였습니다. 기본적인 내용을 익히면 바탕 화면 바꾸기 등 사용자의 취향에 맞도록 컴퓨터를 꾸미는 방법도 설명하였습니다.

또한 USB(유에스비)를 이용하여 파일을 복사하는 방법, 사진을 보는 방법, 사진을 예쁘게 꾸미는 방법 등도 설명하였습니다. 아울러 동영상을 보는 방법도 설명하여 멀티미디어를 사용할 수 있도록 하였습니다.

더 나아가 인터넷을 이용하여 원하는 정보를 검색하고 메일을 보내고 받는 방법 등을 설명하였습니다.

처음에는 생소할 수도 있고 어려울 수도 있지만 꾸준히 연습을 하면 컴퓨터라고 하는 것이 크게 어렵지 않다는 것을 알 수 있을 것입니다.

이 책이 나오기까지 많은 도움을 주신 좋은 친구 김복자 님, 신정은 님에게 감사를 드립니다.

저자 구흥림

# 목 차

## 제 05장 윈도우 창 사용하기　67

## 제 06장 윈도우의 만능 재주꾼 탐색기　81

# 제 01장

## 컴퓨터는
## 이렇게 생겼어요

텔레비전, 냉장고, 세탁기, 전자레인지처럼 우리의 생활을 편리하게 해 주는
컴퓨터라는 기계는 제조 회사에 따라서 조금씩은 다르지만 모니터, 본체,
키보드와 그 외에 프린터, 스캐너, 스피커 등으로 이루어져 있습니다.

# Section 01

# 컴퓨터의 구성

컴퓨터의 구성에 대해서 살펴보겠습니다. 이 중에는 우리가 흔히 보는 것도 있고 그렇지 않은 것들도 있습니다.

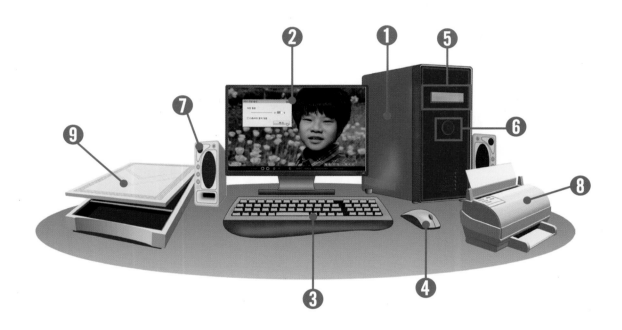

❶ **본체** : 컴퓨터라고 부를 때는 일반적으로 본체를 말하는 것이며 가장 중요한 부품들이 있습니다. 이 부품들이 여러 가지 계산을 통해서 사용자가 명령하는 일을 실행합니다.

❷ **모니터** : 컴퓨터에서 작업한 결과물을 보여 주는 화면입니다. 본체와 연결되어 있어야 합니다.

❸ **키보드** : 컴퓨터에 글자를 입력하거나 명령을 실행할 때 사용하는 입력 도구입니다.

❹ **마우스** : 키보드처럼 입력 도구로, 마우스를 움직여서 화면에서 명령을 실행합니다.

❺ DVD-ROM(디브이디 롬) 드라이브 : DVD-ROM(디브이디 롬)을 재생해 주는 입력장치입니다. DVD-ROM(디브이디 롬)은 기록 장치로 손바닥만 한 접시 모양의 저장 장치에 많은 양의 데이터(영화, 문자, 음악 등)를 기록할 수 있습니다.

❻ **전원 버튼** : 컴퓨터를 켤 때 누르는 버튼입니다. 제조 회사에 따라서 전원 버튼의 위치가 다를 수 있습니다.

❼ **스피커** : 음악이나 영화를 볼 때 소리가 나게 하는 출력 장치입니다.

❽ **프린터** : 컴퓨터에서 작업한 결과물이나 모니터 화면에서 보는 내용을 종이로 인쇄해 주는 출력 장치입니다. 검정색만으로 인쇄를 해 주는 흑백 프린터와 컬러를 인쇄할 수 있는 컬러 프린터로 나뉩니다.

❾ **스캐너** : 인쇄된 종이나 사진을 컴퓨터로 입력할 수 있는 입력 장치입니다. 일반인들이 많이 사용하지 않는 장치입니다.

# Section 02

## 컴퓨터 켜기

컴퓨터에서 전원 버튼을 눌러야 컴퓨터를 사용할 수 있습니다. 제조 회사에 따라서 전원 스위치 위치가 다를 수 있지만 대부분 가운데 위치하고 있습니다.

**01** 전원 스위치를 누릅니다.

**02** 컴퓨터에 따라서 30초에서 2~3분 정도 기다리면 처음 화면이 나타납니다.

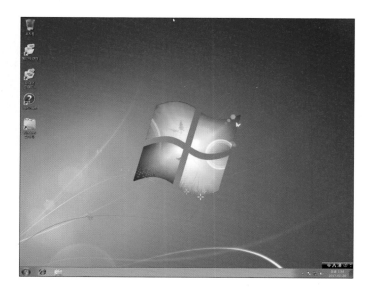

# Section 03 컴퓨터 종료하기

컴퓨터를 종료하려면 예전에는 전원 버튼을 직접 눌러서 꺼야 했지만 최근에는 윈도우를 종료하면 자동으로 컴퓨터의 전원이 차단됩니다.

**01** [시작]을 클릭한 후 [시스템 종료]를 클릭합니다.

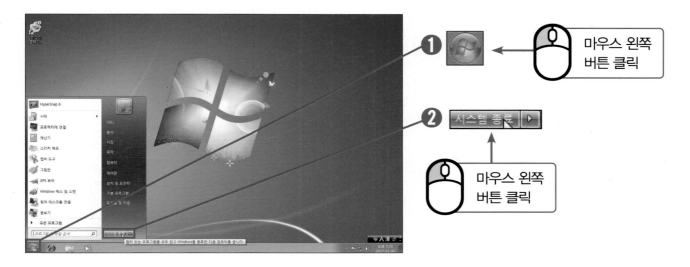

❶ 마우스 왼쪽 버튼 클릭

❷ 마우스 왼쪽 버튼 클릭

**02** 컴퓨터가 종료됩니다.

# Section 04

# 컴퓨터 다시 시작하기

컴퓨터에 이상이 있을 경우에는 컴퓨터를 종료하지 않고 다시 시
작하는 것이 좋은 경우도 있습니다.

**01** [시작]을 클릭한 후 [시스템 종료]의 ▶를 클릭하고 [다시 시작]을 클릭합니다.

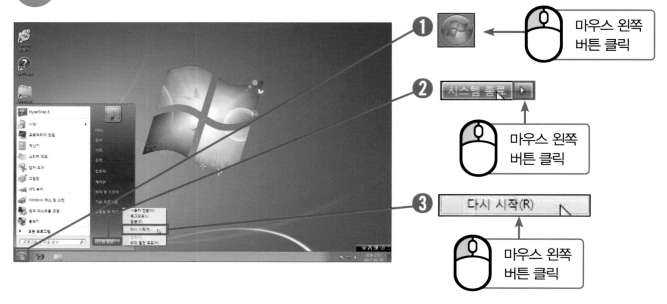

❶ 마우스 왼쪽
버튼 클릭

❷ 시스템 종료 ▶ — 마우스 왼쪽
버튼 클릭

❸ 다시 시작(R) — 마우스 왼쪽
버튼 클릭

**02** 컴퓨터의 전원이 종료되었다가 다시 부팅이 되면서 실행됩니다.

# 제 02장

# 키보드는
# 이렇게 사용해요

컴퓨터의 가장 대표적인 입력 도구인 키보드의 사용법을 살펴보겠습니다.

# Section 01

## 키보드

키의 이름과 기능을 알고 있어야 컴퓨터를 사용하는 데 편리합니다.

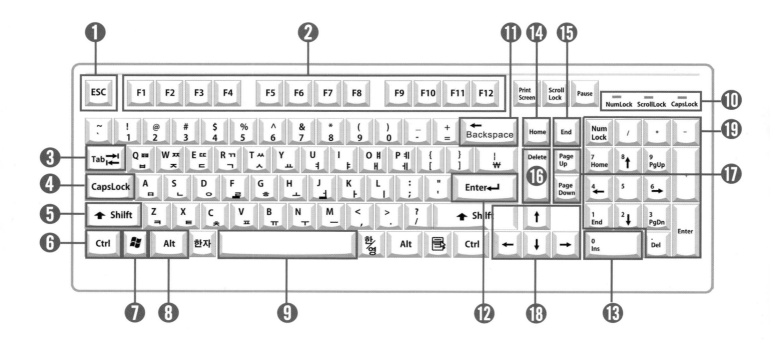

## 1) 키보드의 이름

키보드에서 사용하는 키의 이름들입니다. 키의 이름들을 먼저 알아보겠습니다.

키의 위치는 키보드 제조 회사에 따라서 약간씩 다를 수 있습니다.

❶ 이에스씨(ESC) : 특정 프로그램에서 명령을 수행하는 것을 중지할 때 사용합니다. 대화 창이 나타났을 때 이에스씨(Esc) 키를 누르면 대화 창이 닫힙니다.

❷ 펑션(기능) 키 : F1부터 F12까지 있으며 특정한 프로그램에서 복잡한 명령을 한 번에 실행할 때 사용합니다. 펑션 키의 내용은 프로그램마다 다를 수 있습니다.

❸ 탭(Tab) : 문서 작업 시 탭(Tab) 키를 누르면 한 번에 몇 칸씩 커서가 이동합니다.

❹ 캡스 락(CapsLock) : 일반적으로는 캡스 락(Caps Lock)이 눌리지 않은 상태

입니다. 한글은 상관이 없지만 영어를 입력하면 소문자로만 입력됩니다. 캡스 락([Caps Lock])을 누른 상태에서 영어를 입력하면 대문자로만 입력됩니다.

❺ 시프트(Shift) : 키보드 입력 시 시프트([Shift]) 키를 누른 채 입력하면 한글은 쌍자음 (ㅃ, ㅉ, ㄸ, ㄲ 등)이 입력되며 영문은 대문자가 입력됩니다. 숫자판에서는 숫자 위의 특수문자(~, !, @, #, $, % 등)가 입력됩니다.

❻ 컨트롤(Ctrl) : 혼자서는 사용할 수 없으며 다른 키와 조합으로 특정한 명령을 수행할 때 사용합니다.

❼ 윈도우즈(Windows) 키 : 윈도우즈(⊞) 키를 누르면 [시작] 버튼(⊕)을 눌렀을 때처럼 프로그램 목록이 나타납니다.

❽ 알트(Alt) : 컨트롤([Ctrl]) 키와 마찬가지로 혼자서는 사용하지 않으며 다른 키와 조합으로 특정한 명령을 수행할 때 사용합니다.

❾ 스페이스 바 : 문서 입력 시 빈칸을 입력할 때 사용하며 인서트([Insert]) 키를 누른 후 스페이스 바를 누르면 글자를 삭제할 수도 있습니다.

❿ 키 엘이디(LED) : 캡스 락([Caps Lock]), 넘버 락([Num Lock]), 스크롤 락([Scroll Lock])이 눌러져 있으면 키 엘이디(LED)에 불이 들어옵니다.

⓫ 백스페이스 : 현재 커서가 있는 곳을 기준으로 글자를 오른쪽에서 왼쪽으로 지워 갑니다.

⓬ 엔터(Enter) : 문장 입력 시 줄을 강제로 바꾸는 기능을 합니다.

⓭ 인서트(Insert) : 문서 작업 시 인서트([Insert]) 키를 누르고 글자를 입력하면 오른쪽의 글자가 지워지면서 글자가 입력됩니다.

⓮ 홈(Home) : 문서 작업을 할 때 홈([Home]) 키를 누르면 문장의 가장 앞으로 커서가 이동을 하며, 인터넷에서는 가장 위의 화면을 보여 줍니다.

⓯ 엔드(End) : 문서 작업을 할 때 엔드([End]) 키를 누르면 문장의 가장 뒤로 커서가 이동을 하며 인터넷에서는 화면의 가장 아래로 이동합니다.

⑯ **딜리트(Delete)** : 문서 작업 시 현재 커서가 있는 곳을 기준으로 오른쪽의 글을 왼쪽으로 당기며 삭제합니다.

⑰ **페이지 업(PageUp)/페이지 다운(PageDown)** : 문서 작업을 할 때 페이지 업( PageUp )/페이지 다운( PageDown ) 키를 누르면 반 페이지 정도 위로 올라가거나 반 페이지 정도 아래로 내려갑니다.

⑱ **방향 키** : 커서를 사용자가 원하는 방향으로 이동할 수 있습니다.

⑲ **키패드** : 넘버 락( Num Lock )을 눌러 키 엘이디(LED)에 불이 들어오면 숫자가 입력되고 넘버 락( Num Lock )이 눌리지 않은 상태라면 방향 키의 역할을 합니다.

## 2) 키보드 사용법

키보드로 글자를 입력할 때는 양손의 검지손가락을 키보드에서 표시가 되어 있는 곳(F와 J)에 올려놓습니다. 중심선을 기준으로 왼쪽은 왼손으로, 오른쪽은 오른손으로 입력합니다.

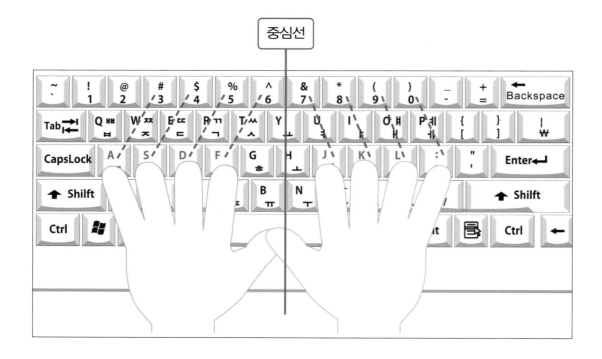

# 제 03장

## 마우스는
## 이렇게 생겼어요

마우스도 키보드와 마찬가지로 대표적인 입력 도구 중 하나입니다.

여기서는 마우스의 사용법에 대해서 살펴보겠습니다.

# 마우스

마우스는 볼마우스, 광학마우스 등 여러 가지 종류가 있지만 지금은 대부분 광학마우스를 사용하고 있습니다. 마우스의 명칭에 대해서 알아봅시다.

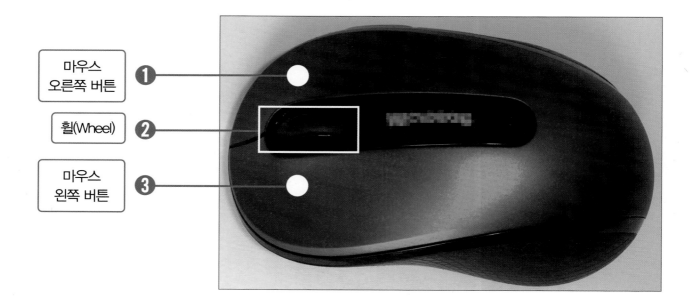

마우스 오른쪽 버튼 **❶**

휠(Wheel) **❷**

마우스 왼쪽 버튼 **❸**

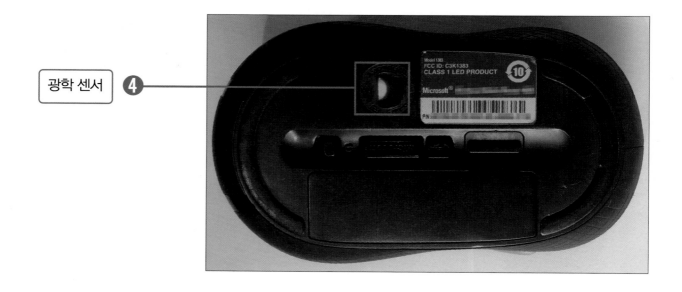

광학 센서 **❹**

❶ 휠(Wheel) : 모니터에서 한 번에 볼 수 없는 세로로 긴 화면일 경우 휠을 위, 아래로 돌리면 화면이 위, 아래로 이동합니다. 인터넷이나 문서를 한 번에 다 볼 수 없는 경우에 사용합니다.

❷ 마우스 왼쪽 버튼 : 윈도우와 프로그램에서 명령을 실행하거나 특정한 그림이나 텍스트를 선택할 때 누르는 버튼입니다. 기본적으로 마우스 버튼을 '클릭한다'고 할 때는 왼쪽 버튼을 누르는 것입니다.

❸ 마우스 오른쪽 버튼 : 윈도우 사용 시 기본적인 선택이나 이외의 명령을 실행하고 싶을 때 누릅니다. 다음 그림처럼 마우스 오른쪽 버튼을 누르면 현재 상태에서 사용 가능한 명령어가 나타납니다.

▲ 마우스 오른쪽 버튼을 누르면 사용 가능한 명령어가 나타납니다.

❹ 광학 센서 : 바닥에 있는 광학 센서는 위치를 인식해서 마우스의 위치를 움직입니다.

# 마우스 버튼을 눌러 봐요

마우스 버튼을 누르는 방법과 횟수에 따라서 기능이 달라집니다.

### 1) 마우스 쥐는 법

마우스는 그림과 같이 손 전체를 이용해서 감싸듯이 잡습니다. 검지와 중지를 마우스 버튼에 올려놓은 후 사용하면 됩니다.

### 2) 클릭

마우스 버튼을 한 번 누르는 것을 클릭이라고 합니다. 파일을 선택하거나 프로그램 내에서 아이콘을 클릭하여 명령을 수행하라고 할 때 사용합니다.

### 3) 더블클릭

마우스 왼쪽 버튼을 빠르게 두 번 누르는 것을 말합니다. 주로 바탕 화면에서 프로그램을 실행할 때 사용합니다.

### 4) 드래그

마우스 왼쪽 버튼을 누른 채로 마우스를 이동하는 것입니다. 바탕 화면에서는 아이콘을, 특정 프로그램에서는 파일을 이동할 때 사용합니다.

## 클릭

마우스 왼쪽 버튼을 한 번 클릭해서 아이콘을 선택해 보겠습니다.

**01** 아이콘을 한 번 클릭합니다.

마우스 왼쪽
버튼 클릭

참고!

아이콘을 클릭하면 아이콘이 사각형
모양으로 선택됩니다.

**02** 화면의 다른 곳을 클릭하면 아이콘이 사각형의 점선으로 됩니다.

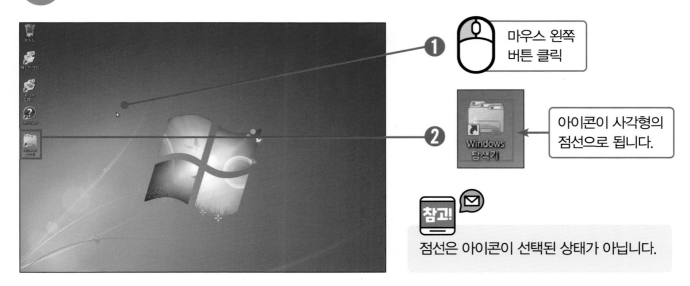

❶ 마우스 왼쪽
버튼 클릭

❷ 아이콘이 사각형의
점선으로 됩니다.

참고!

점선은 아이콘이 선택된 상태가 아닙니다.

# Section 04

## 더블클릭

두 번을 연달아 누르면 프로그램이 실행되거나 폴더가 열립니다.

**01** 폴더를 더블클릭합니다.

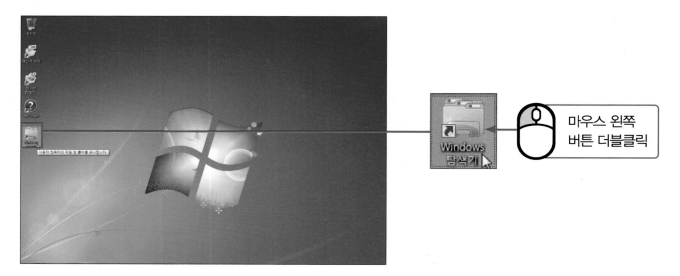

마우스 왼쪽
버튼 더블클릭

**02** 더블클릭한 폴더가 열립니다.

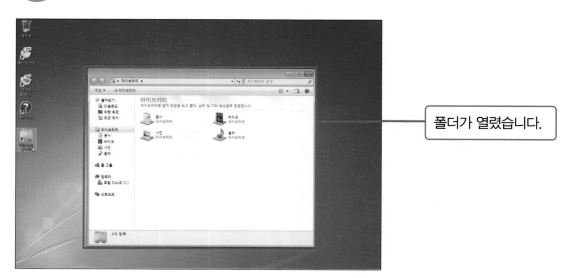

폴더가 열렸습니다.

마우스의 더블클릭 속도를 변경하려면 다음과 같이 합니다.

**01** [시작] 버튼을 클릭한 후 [제어판]을 클릭합니다.

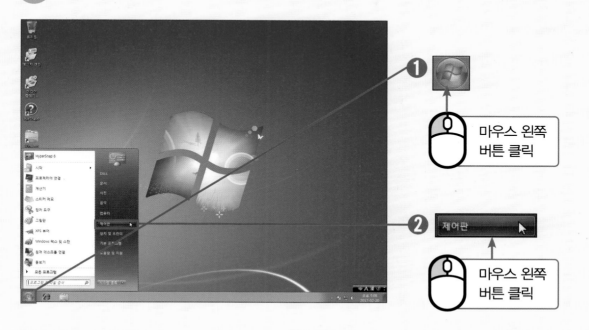

**02** [모양 및 개인 설정]에서 [테마 변경]을 클릭합니다.

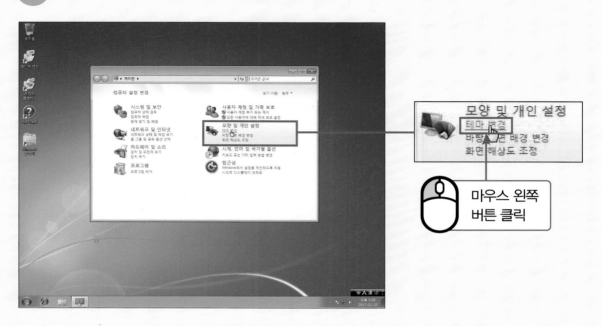

**03** [마우스 포인터 변경]을 클릭합니다.

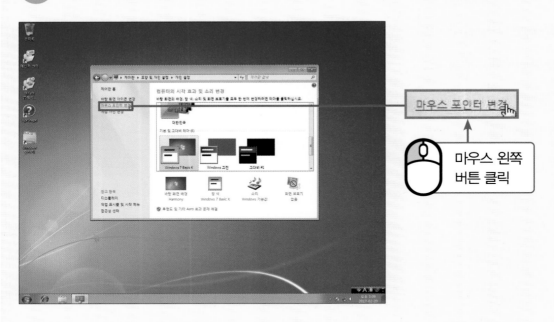

마우스 포인터 변경

마우스 왼쪽
버튼 클릭

**04** [단추] 탭을 클릭합니다.

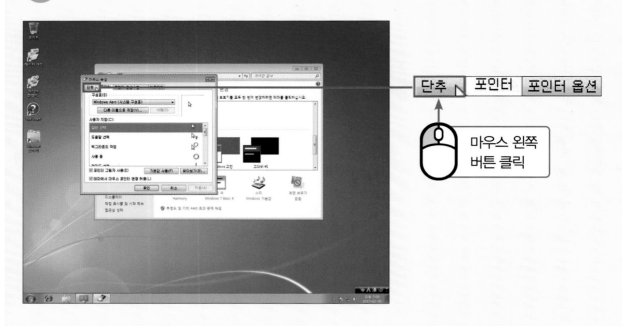

단추 　포인터　 포인터 옵션

마우스 왼쪽
버튼 클릭

**05** [속도]에서 빠름 쪽을 클릭한 후 [확인]을 클릭하고 [닫기]를 클릭합니다.

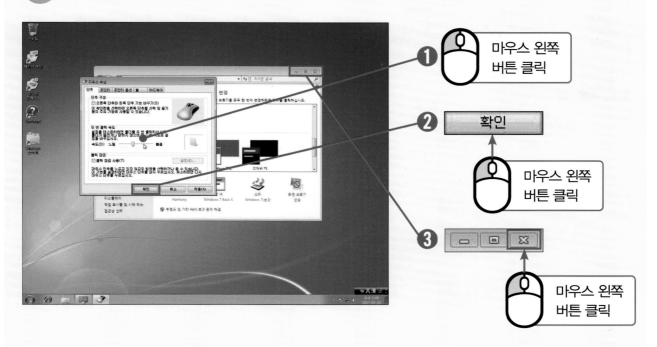

❶ 마우스 왼쪽 버튼 클릭

❷ 확인
마우스 왼쪽 버튼 클릭

❸ 마우스 왼쪽 버튼 클릭

**06** 마우스의 클릭 속도가 빨라집니다.

마우스의 클릭 속도는 더블클릭이 잘 되지 않을 때 변경합니다.

# Section 05

## 드래그

드래그는 파일이나 아이콘을 클릭하여 원하는 위치까지 이동하는
것입니다.

**01** 드래그할 아이콘을 클릭합니다. 마우스 버튼을 누른 채 마우스를 이동합니다.

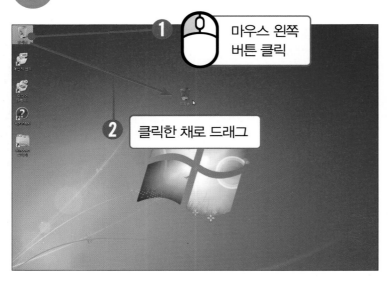

> ① 마우스 왼쪽 버튼 클릭
>
> ② 클릭한 채로 드래그

**02** 마우스 버튼에서 손을 놓으면 아이콘이 이동됩니다.

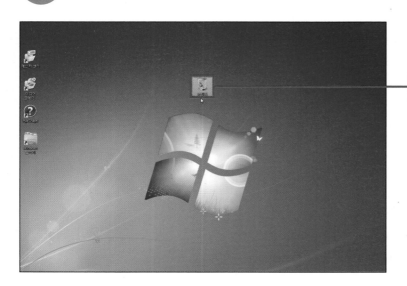

> 마우스 버튼에서 손을 놓습니다.

# 제 04장

# 바탕 화면 기본 사용법

바탕 화면은 사용자가 필요한 아이콘을 모아 놓거나 작업이 이루어지는 곳입니다. 바탕 화면의 구성을 살펴보겠습니다.

# Section 01

# 바탕 화면 살펴보기

바탕 화면의 구성을 살펴보겠습니다.

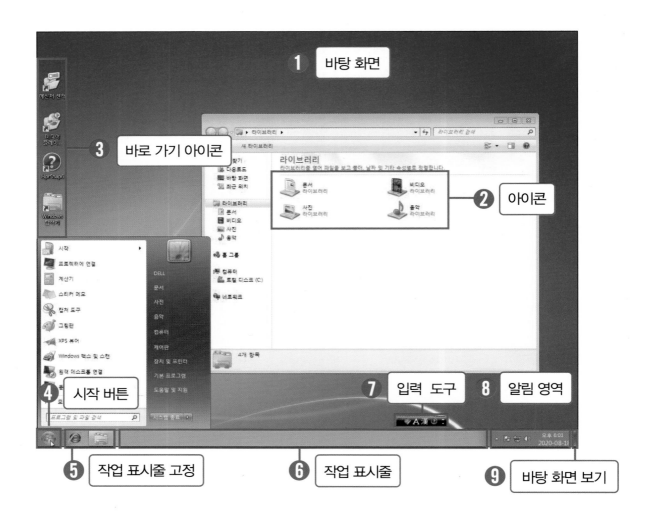

❶ 바탕 화면 : 작업 공간입니다.

❷ 아이콘 : 프로그램을 그림으로 표현한 파일입니다.

❸ **바로 가기 아이콘** : 프로그램의 아이콘만 다른 장소에 만들어서 프로그램과 연결해 놓은 파일입니다.

❹ **시작 버튼** : 윈도우에 있는 프로그램을 시작할 수 있는 버튼입니다.

❺ **작업 표시줄 고정** : 자주 사용하는 프로그램의 아이콘을 작업 표시줄에 항상 보이도록 고정시켜 놓은 것입니다.

❻ **작업 표시줄** : 현재 작업 중인 프로그램을 표시해 줍니다.

❼ **입력 도구** : 글자를 입력할 때 영문, 한글, 한자의 상태를 알려 줍니다.

❽ **알림 영역** : 현재 시간과 작업 상태를 알려 줍니다.

❾ **바탕 화면 보기** : 여러 개의 프로그램이 바탕 화면에 있을 때 클릭하면 프로그램이 한번에 작업 표시줄로 감춰집니다.

# 아이콘 정렬하기

바탕 화면에 흩어져 있는 아이콘을 보기 좋게 정렬해 보겠습니다.

**01** 바탕 화면에서 마우스 오른쪽 버튼을 클릭한 후 [정렬 기준]을 클릭하고 [이름]을 클릭합니다.

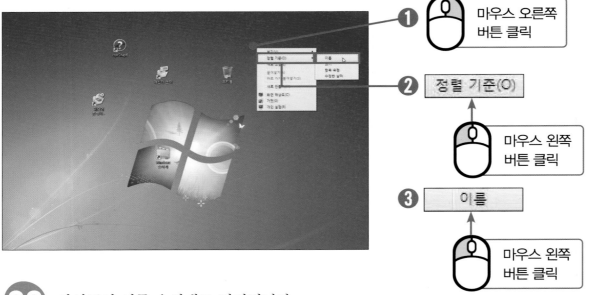

**①** 마우스 오른쪽 버튼 클릭

**②** 정렬 기준(O)

마우스 왼쪽 버튼 클릭

**③** 이름

마우스 왼쪽 버튼 클릭

**02** 아이콘이 이름 순서대로 정렬됩니다.

아이콘이 이름 순서대로 정렬됩니다.

## 팁! 아이콘 정렬 방법

아이콘을 정렬하는 방법에는 다음과 같은 방법이 있습니다.

❶ 이름 : ㄱ, ㄴ, ㄷ 순으로 정렬합니다.

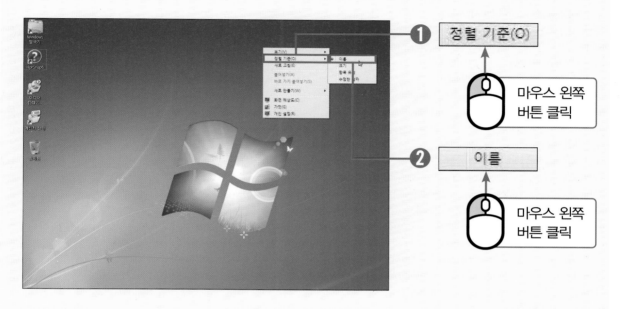

❷ 크기 : 파일이나 아이콘의 크기 순서대로 정렬합니다.

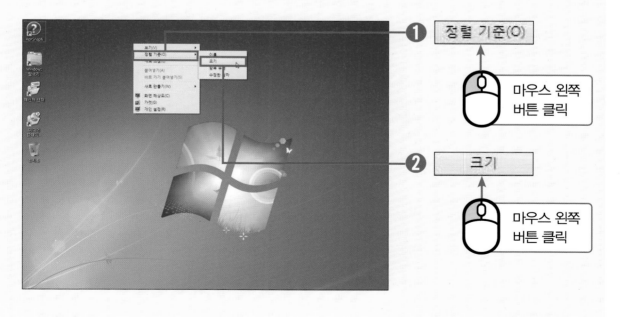

**❸ 항목 유형 :** 아이콘이나 프로그램의 종류별로 정렬합니다.

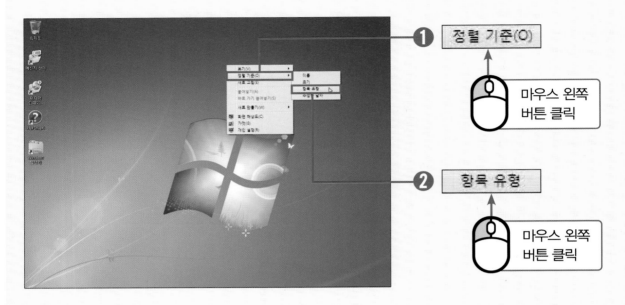

**❶** 정렬 기준(O)
마우스 왼쪽 버튼 클릭

**❷** 항목 유형
마우스 왼쪽 버튼 클릭

**❹ 수정한 날짜 :** 아이콘이나 프로그램이 생성되거나 수정된 날짜순으로 정렬합니다.

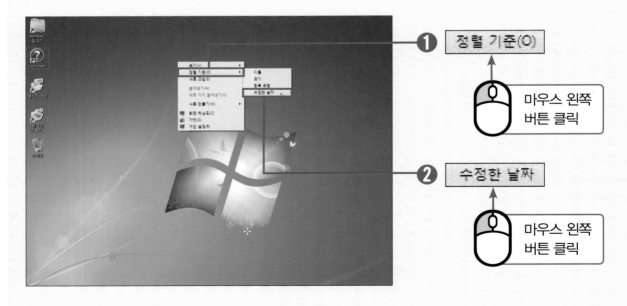

**❶** 정렬 기준(O)
마우스 왼쪽 버튼 클릭

**❷** 수정한 날짜
마우스 왼쪽 버튼 클릭

# 팁! 아이콘 보기와 자동 정렬

아이콘을 보는 크기와 정렬 방법을 설정합니다.

■ **큰 아이콘 :** 마우스 오른쪽 버튼을 클릭하여 [보기] – [큰 아이콘]을 클릭하면 아
  이콘이 큰 모양으로 바뀝니다.

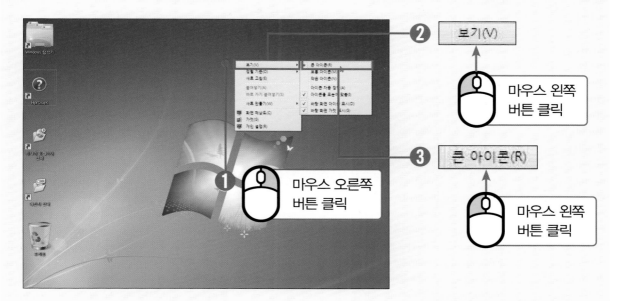

■ **아이콘 자동 정렬 :** 마우스 오른쪽 버튼을 클릭하여 [보기] – [아이콘 자동 정렬]
  을 클릭하면 아이콘이 항상 자동으로 보기 좋게 정렬됩니다.

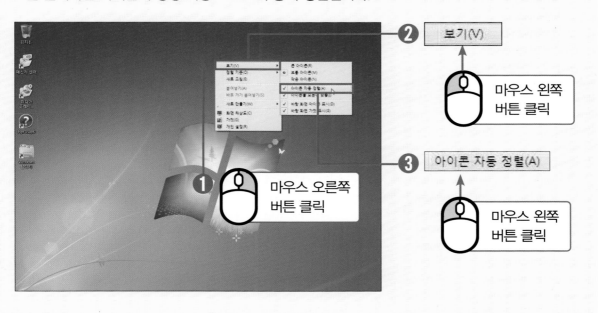

# Section 03

# 아이콘 숨기거나 보이게 하기

경우에 따라서 바탕 화면에 아이콘을 보이게 하거나 숨길 수 있습니다. 숨겨져 있는 아이콘을 보이도록 해 보겠습니다.

**01** 마우스 오른쪽 버튼을 클릭하여 [개인 설정]을 클릭합니다.

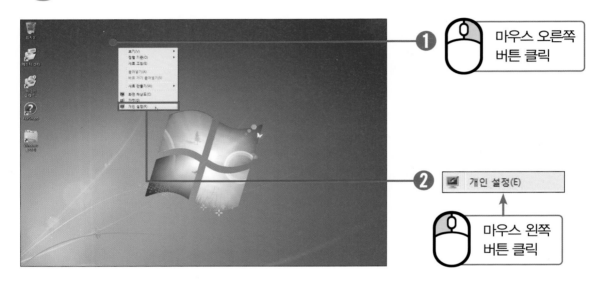

❶ 마우스 오른쪽 버튼 클릭

❷ 개인 설정(E)

마우스 왼쪽 버튼 클릭

**02** [바탕 화면 아이콘 변경]을 클릭합니다.

바탕 화면 아이콘 변경

마우스 왼쪽 버튼 클릭

**03** [바탕 화면 아이콘]이 선택(☑)되지 않았습니다.

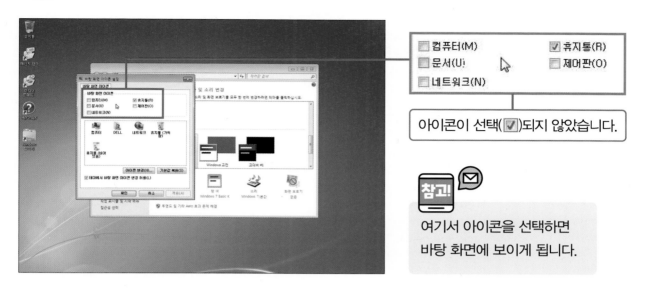

아이콘이 선택(☑)되지 않았습니다.

참고!
여기서 아이콘을 선택하면
바탕 화면에 보이게 됩니다.

**04** 아이콘을 차례로 클릭하여 선택하고 [적용] 버튼과 [확인] 버튼을 클릭하고 [닫기]를
클릭합니다.

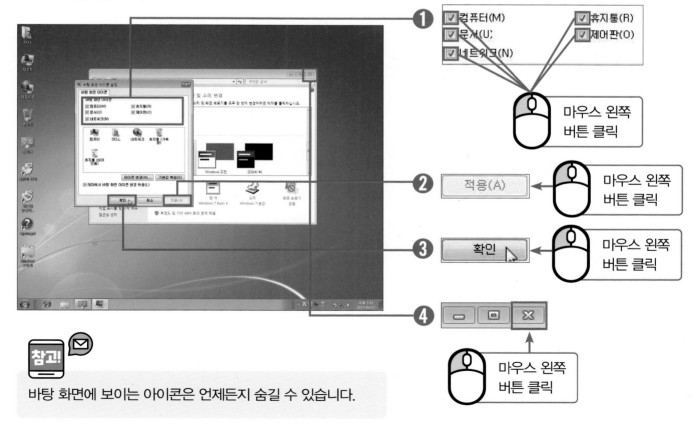

❶ ☑컴퓨터(M)  ☑휴지통(R)
☑문서(U)  ☑제어판(O)
☑네트워크(N)

마우스 왼쪽
버튼 클릭

❷ 적용(A)
마우스 왼쪽
버튼 클릭

❸ 확인
마우스 왼쪽
버튼 클릭

❹
마우스 왼쪽
버튼 클릭

참고!
바탕 화면에 보이는 아이콘은 언제든지 숨길 수 있습니다.

# Section

# 04

# 아이콘 삭제하기

바탕 화면에 있는 아이콘을 삭제해 보겠습니다.

**01** 삭제할 아이콘을 마우스 오른쪽 버튼으로 클릭한 후 [삭제]를 클릭합니다.

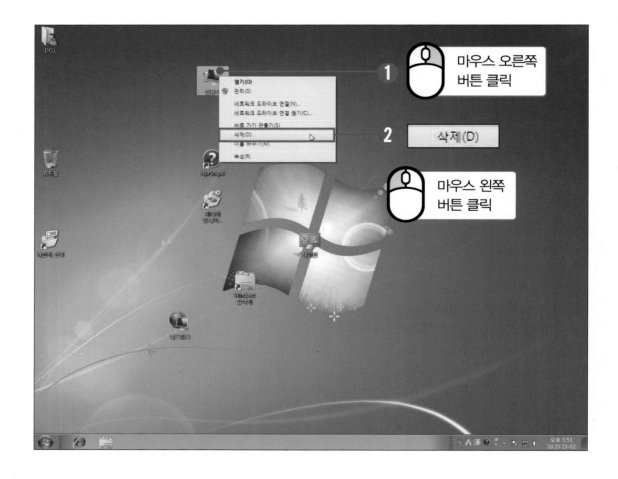

삭제하겠느냐는 메시지가 나타나면 [예]를 클릭합니다.

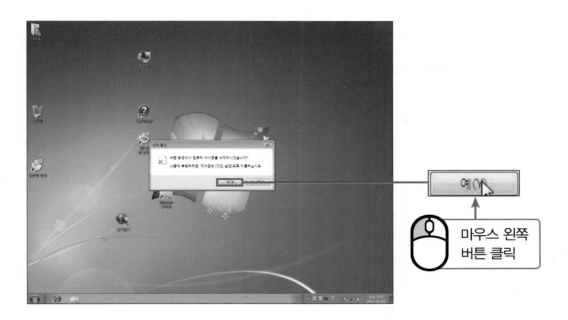

마우스 왼쪽
버튼 클릭

03 아이콘이 삭제됩니다.

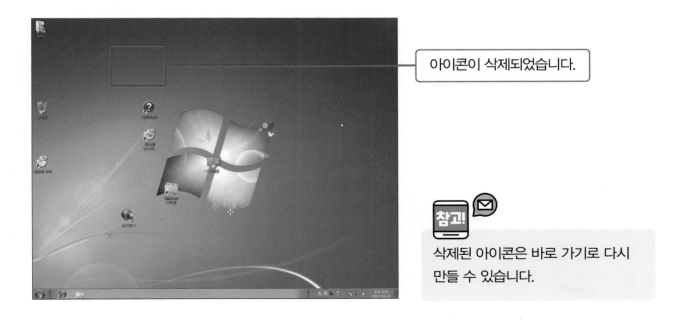

아이콘이 삭제되었습니다.

참고!

삭제된 아이콘은 바로 가기로 다시
만들 수 있습니다.

# Section 05

# [바로 가기]로
# 단축 아이콘 만들기

[바로 가기] 명령을 이용하여 [보조프로그램]에 있는 [메모장]의
단축 아이콘을 만들어 보겠습니다.

**01** [메모장] 아이콘이 없는 바탕 화면입니다.

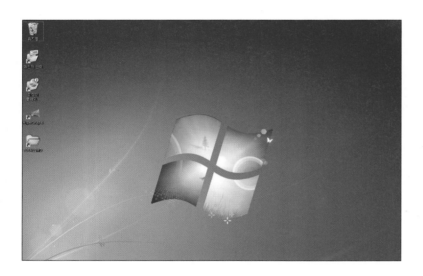

**02** [시작]을 클릭한 후 [모든 프로그램]을 클릭합니다.

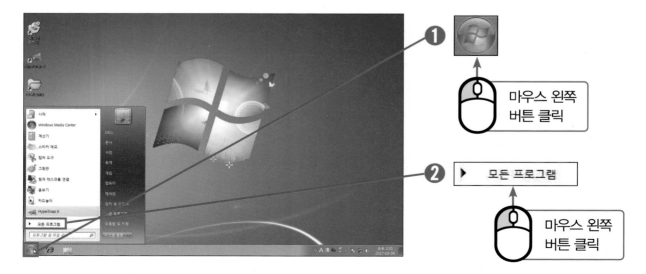

❶ 마우스 왼쪽
버튼 클릭

❷ ▶ 모든 프로그램

마우스 왼쪽
버튼 클릭

**03** [보조프로그램]을 클릭합니다.

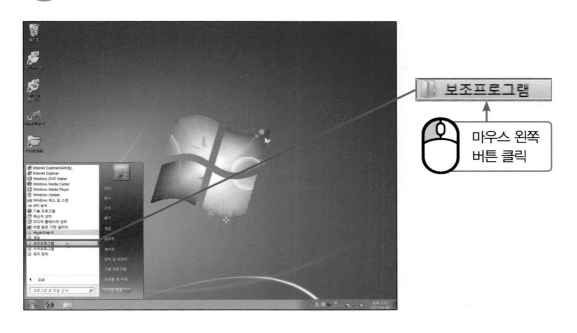

**04** [메모장]을 마우스 오른쪽 버튼으로 클릭한 후 [보내기]-[바탕 화면에 바로 가기 만들기]를 클릭합니다.

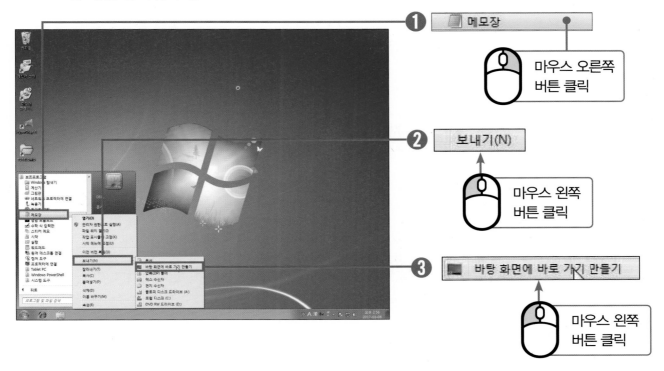

**05** 바탕 화면을 클릭합니다.

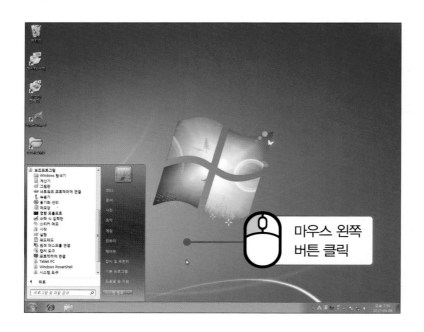

마우스 왼쪽
버튼 클릭

**06** [메모장]의 바로 가기 아이콘이 만들어집니다.

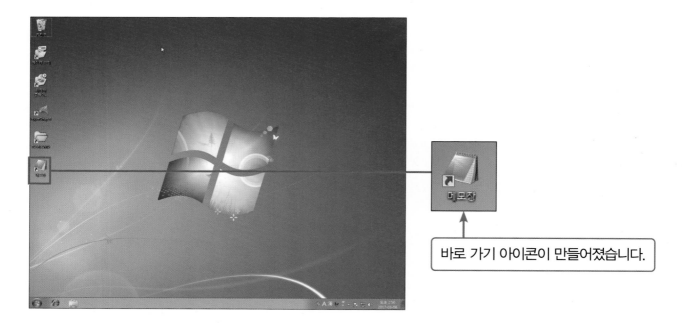

바로 가기 아이콘이 만들어졌습니다.

# 드래그해서 단축 아이콘 만들기

[계산기] 프로그램 아이콘을 드래그하여 단축 아이콘을 만들어 보겠습니다.

**01** 아이콘이 없는 바탕 화면입니다.

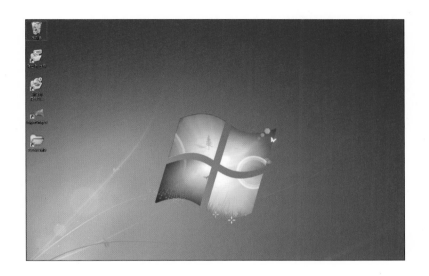

**02** [시작]을 클릭한 후 [모든 프로그램]을 클릭합니다.

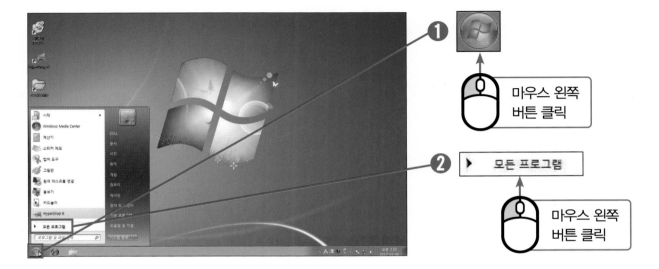

❶ 마우스 왼쪽 버튼 클릭

❷ ▶ 모든 프로그램

마우스 왼쪽 버튼 클릭

**03** [보조프로그램]을 클릭합니다.

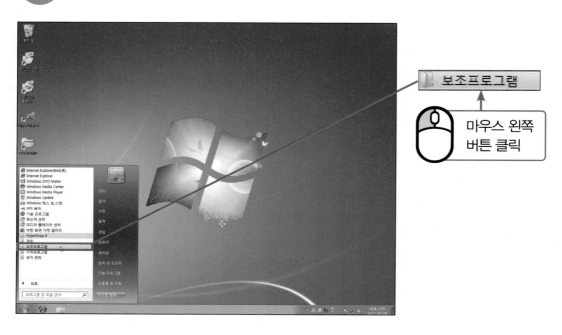

보조프로그램

마우스 왼쪽
버튼 클릭

**04** [계산기]를 클릭합니다.

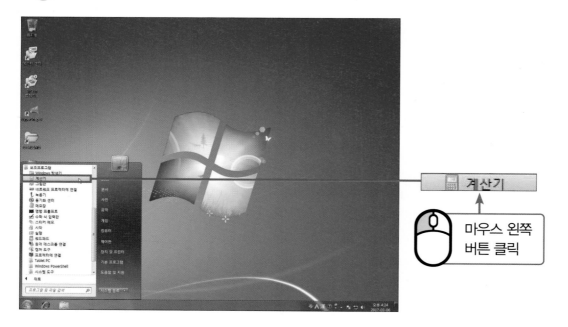

계산기

마우스 왼쪽
버튼 클릭

**05** 마우스 왼쪽 버튼을 클릭한 채로 바탕 화면으로 드래그합니다.

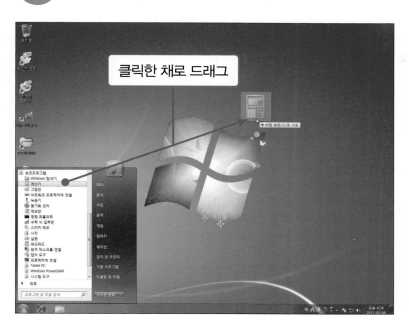

클릭한 채로 드래그

**06** 마우스 버튼에서 손을 놓으면 바탕 화면에 단축 아이콘이 만들어집니다.

마우스 버튼에서 손을 놓습니다.

# 아이콘 크기 변경하기

아이콘의 크기를 변경해 보겠습니다.

**01** 바탕 화면에서 마우스 오른쪽 버튼을 클릭하여 [보기]-[큰 아이콘]을 클릭합니다.

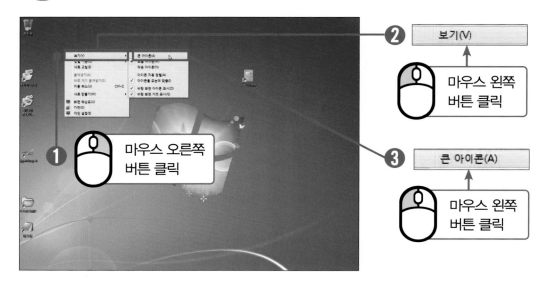

보기(V)

마우스 왼쪽
버튼 클릭

큰 아이콘(A)

마우스 왼쪽
버튼 클릭

① 마우스 오른쪽
버튼 클릭

**02** 아이콘이 크게 바뀌었습니다.

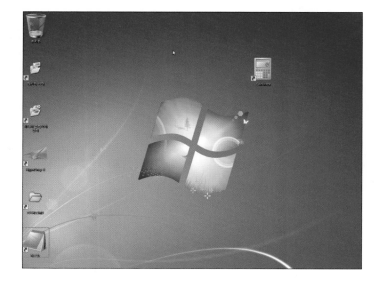

**03** 다시 마우스 오른쪽 버튼을 클릭하여 [보기]-[작은 아이콘]을 클릭합니다.

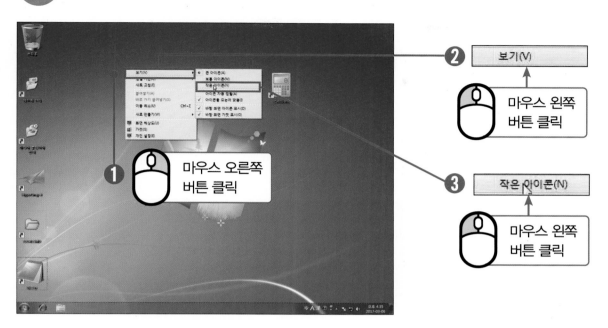

**04** 아이콘이 작게 바뀌었습니다.

# Section

# 08

# 글자 크기 변경하기

화면의 해상도에 따라서 글자의 크기를 변경하면 글자가 조금 더 잘 보입니다. 글자의 크기를 변경하는 방법에 대해서 알아보겠습니다.

**01** 바탕 화면에서 마우스 오른쪽 버튼을 클릭하여 [화면 해상도]를 클릭합니다.

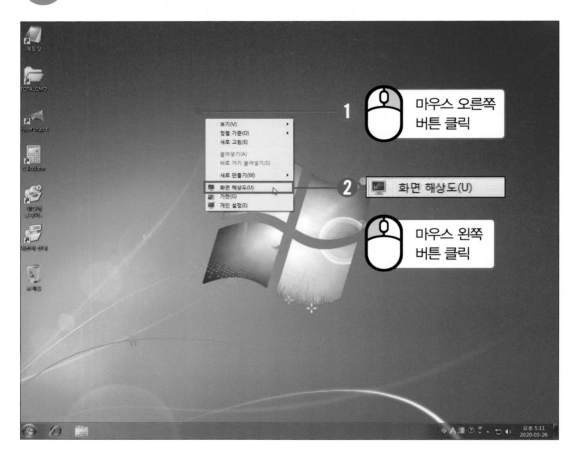

**02** [텍스트 및 기타 항목 크거나 작게 만들기]를 클릭합니다.

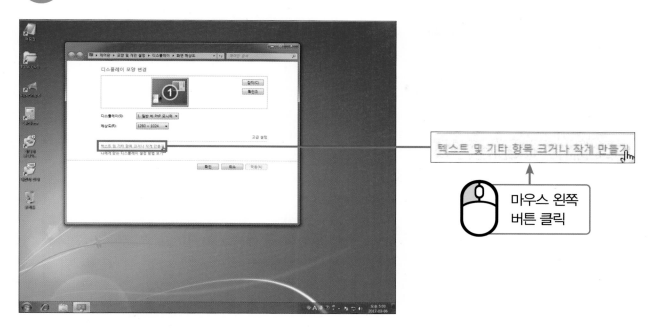

마우스 왼쪽
버튼 클릭

**03** [중간]을 클릭한 후 [적용]을 클릭합니다.

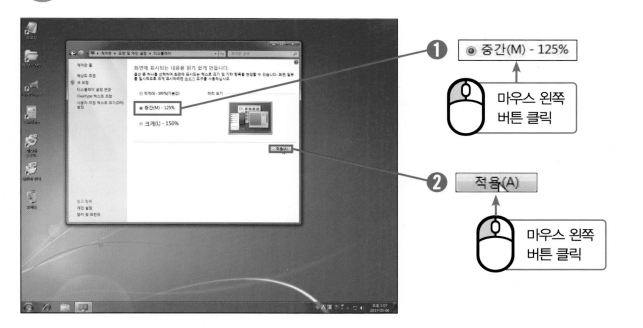

① ◉ 중간(M) - 125%

마우스 왼쪽
버튼 클릭

② 적용(A)

마우스 왼쪽
버튼 클릭

**04** [지금 로그오프]를 클릭합니다.

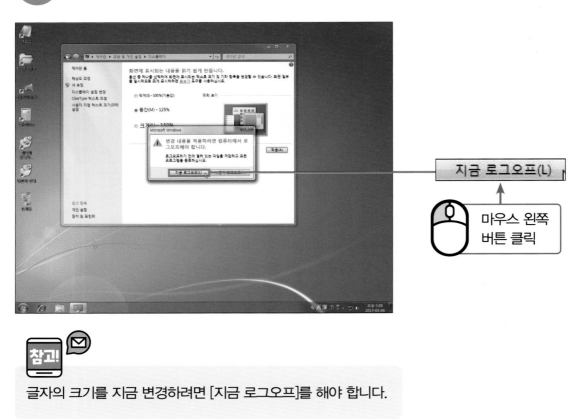

지금 로그오프(L)

마우스 왼쪽
버튼 클릭

참고!

글자의 크기를 지금 변경하려면 [지금 로그오프]를 해야 합니다.

**05** 글자의 크기가 변경되면 마우스 오른쪽 버튼을 클릭하여 [화면 해상도]를 클릭합니다.

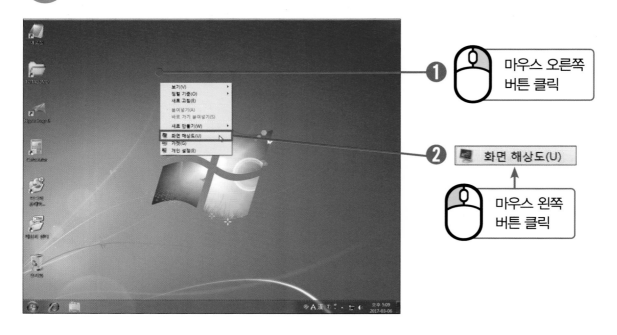

❶ 마우스 오른쪽
버튼 클릭

❷ 화면 해상도(U)

마우스 왼쪽
버튼 클릭

**06** [텍스트 및 기타 항목 크거나 작게 만들기]를 클릭합니다.

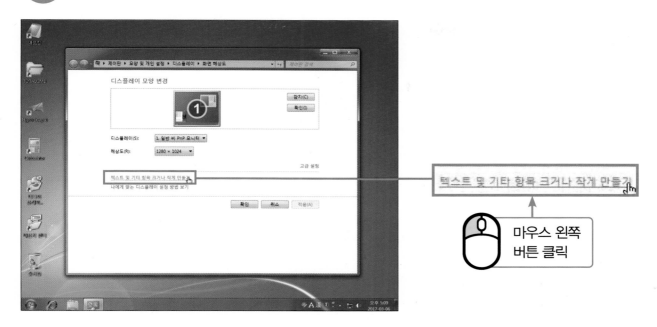

마우스 왼쪽
버튼 클릭

**07** [크게]를 클릭한 후 [적용]을 클릭합니다.

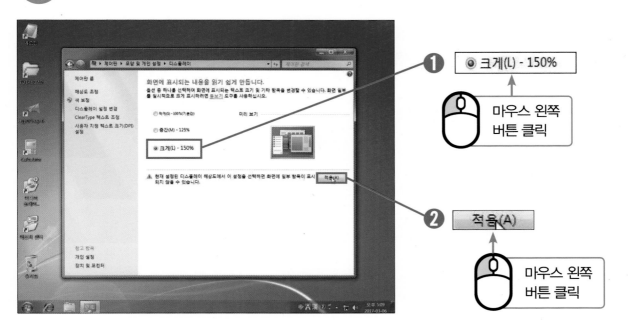

❶ ◉ 크게(L) - 150%

마우스 왼쪽
버튼 클릭

❷ 적용(A)

마우스 왼쪽
버튼 클릭

**08** [지금 로그오프]를 클릭합니다.

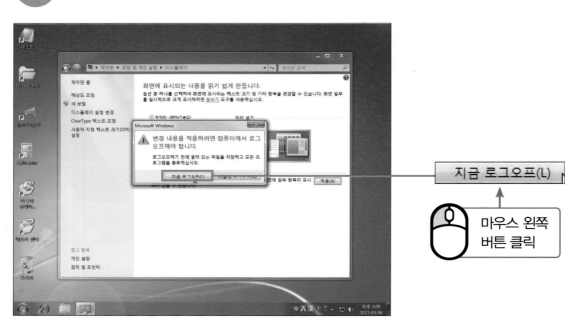

마우스 왼쪽
버튼 클릭

**09** 글자의 크기가 가장 커집니다.

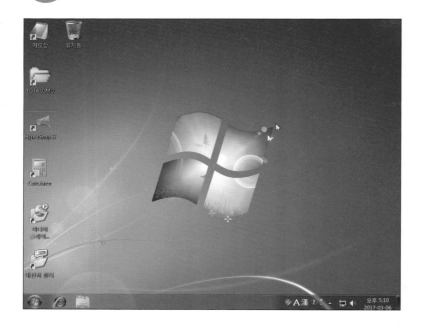

글자의 크기는 화면의 해상도에 따라서
선택하면 됩니다.

# Section 09

# 작업 표시줄 잠금 풀기

작업 표시줄은 현재 컴퓨터에서 사용 중인 프로그램과 상태를 알려 줍니다. 작업 표시줄의 크기를 변경하거나 이동해 보겠습니다. 작업 표시줄 잠금을 풀어야 █ 표시와 위치를 바꿀 수 있습니다.

**01** 작업 표시줄에서 마우스 오른쪽 버튼을 클릭하여 [작업 표시줄 잠금]을 클릭합니다.

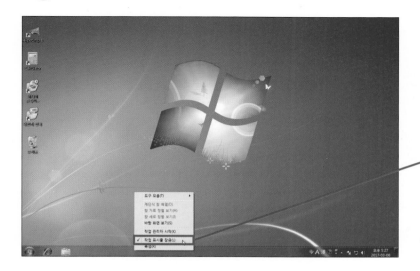

작업 표시줄 잠금(L)

마우스 왼쪽
버튼 클릭

**02** 작업 표시줄에 █이 나타납니다.

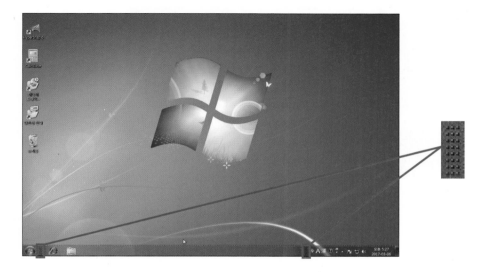

# 작업 표시줄 크기 변경하기

작업 표시줄의 크기를 변경해 보겠습니다.

**01** 작업 표시줄의 근처로 마우스를 가져가서 마우스 커서의 모양이 (↕)로 변할 때 클릭합니다.

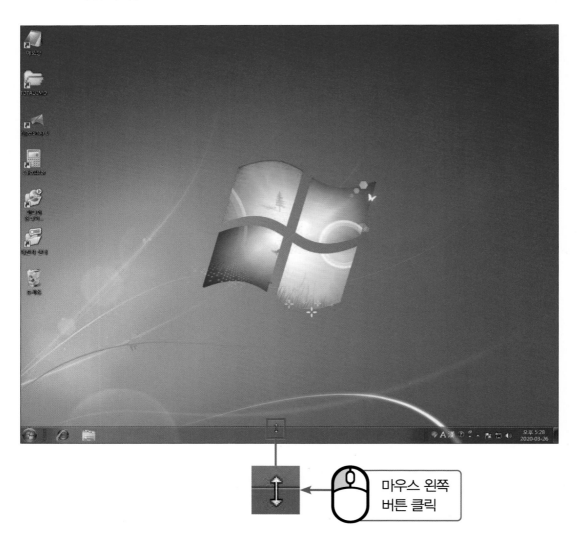

마우스 왼쪽
버튼 클릭

**02** 마우스 버튼을 클릭한 채 약간만 위쪽으로 드래그합니다.

클릭한 채로 드래그

**03** 마우스 버튼에서 손을 놓으면 작업 표시줄의 높이가 높아집니다.

마우스 버튼에서 손을 놓습니다.

# Section 11 바탕 화면 바꾸기

바탕 화면을 다른 그림으로 바꾸어 보겠습니다.

**01** 바탕 화면에서 마우스 오른쪽 버튼을 클릭한 후 [개인 설정]을 클릭합니다.

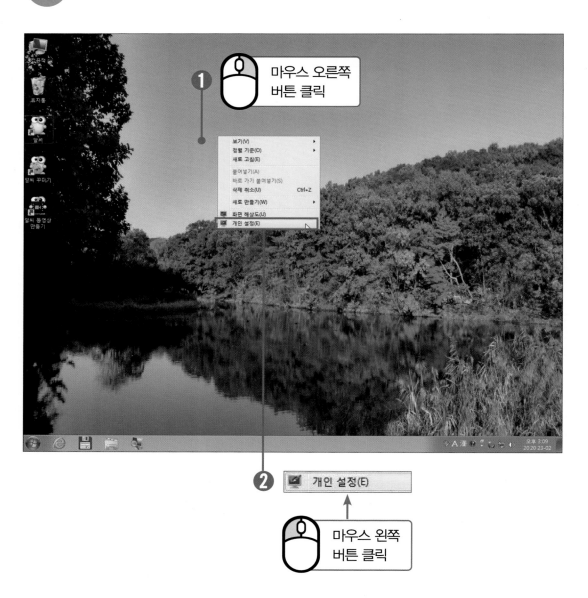

**①** 마우스 오른쪽
버튼 클릭

보기(V)
정렬 기준(O)
새로 고침(E)

붙여넣기(A)
바로 가기 붙여넣기(S)
삭제 취소(U)          Ctrl+Z

새로 만들기(W)

화면 해상도(U)
개인 설정(E)

**②** 개인 설정(E)

마우스 왼쪽
버튼 클릭

**02** [바탕 화면 배경]을 클릭합니다.

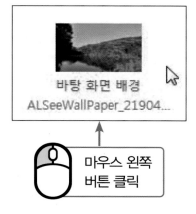

바탕 화면 배경
ALSeeWallPaper_21904...

마우스 왼쪽
버튼 클릭

**03** [사진 위치]를 클릭한 후 [Windows 바탕 화면 배경]을 클릭합니다.

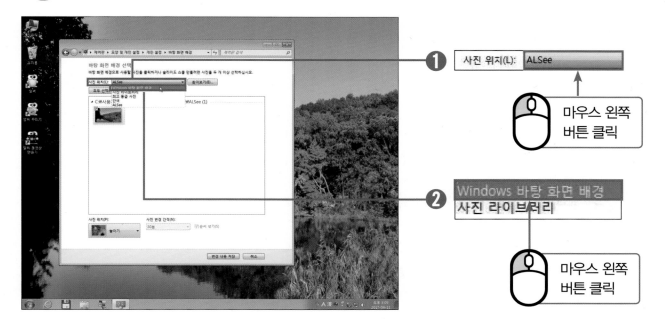

**①** 사진 위치(L): ALSee

마우스 왼쪽
버튼 클릭

**②** Windows 바탕 화면 배경
사진 라이브러리

마우스 왼쪽
버튼 클릭

**04** 사진 목록에서 배경으로 사용할 그림을 클릭합니다.

마우스 왼쪽
버튼 클릭

**05** 배경 그림이 바뀌면 [닫기]를 클릭합니다.

마우스 왼쪽
버튼 클릭

# Section 12

# 휴지통 비우기
# (파일 완전히 삭제하기)

파일을 삭제하면 휴지통으로 들어갑니다. 휴지통을 비워야 파일
이 완전히 삭제됩니다.

**01** [휴지통]을 마우스 오른쪽 버튼으로 클릭하여 [휴지통 비우기]를 클릭합니다.

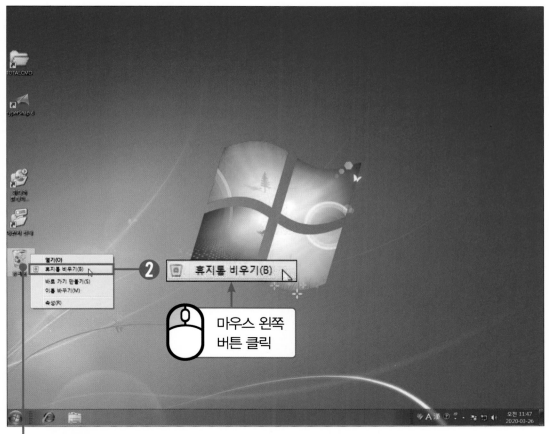

마우스 왼쪽
버튼 클릭

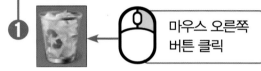

마우스 오른쪽
버튼 클릭

참고!

휴지통에 파일이 있으므로 모양이  입니다.

**02** 비우겠냐는 대화상자가 나타나면 [예]를 클릭합니다.

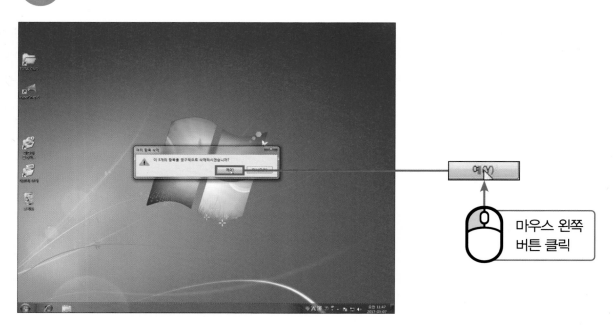

마우스 왼쪽
버튼 클릭

**03** 휴지통이 비워집니다.

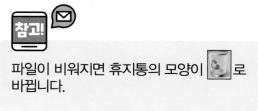
파일이 비워지면 휴지통의 모양이 로
바뀝니다.

## Section 13

# 삭제한 파일 복구하기

삭제는 했지만 휴지통에 있는 파일은 원래 있던 위치로 복구할 수 있습니다.

**01** 휴지통을 더블클릭합니다.

마우스 왼쪽
버튼 더블클릭

**02** 복구할 파일을 마우스 오른쪽 버튼으로 클릭하여 [복원]을 클릭합니다.

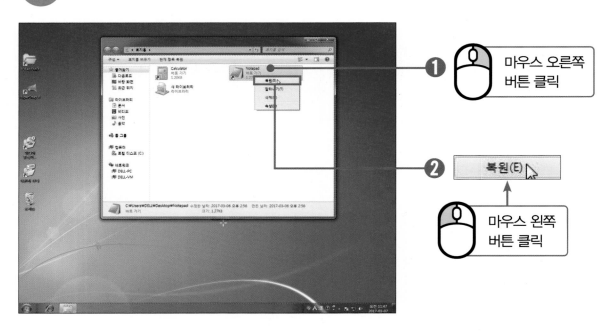

① 마우스 오른쪽
   버튼 클릭

② 복원(E)

   마우스 왼쪽
   버튼 클릭

**03** 파일이 원래 있던 위치로 복구됩니다.

# 제 05장

# 윈도우 창 사용하기

윈도우의 기본인 창의 크기를 조절하는 방법과 여러 개의 창을
사용하는 방법에 대해서 알아보겠습니다.

# Section 01
## 원하는 크기로 창 크기 조절하기

원도우의 창의 크기를 조절해 보겠습니다.

**01** 창의 크기를 조절할 프로그램을 실행합니다.

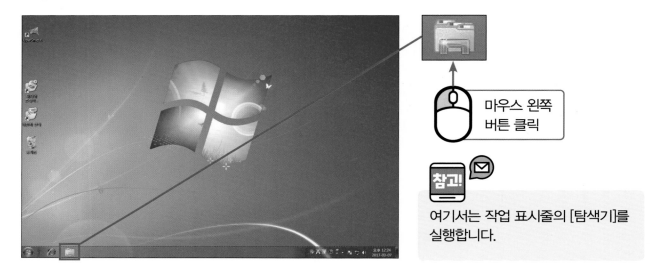

마우스 왼쪽 버튼 클릭

참고! 여기서는 작업 표시줄의 [탐색기]를 실행합니다.

**02** 창의 모서리로 마우스를 가져가서 마우스의 모양이 ↖ 로 변하면 클릭합니다.

마우스 왼쪽 버튼 클릭

**03** 마우스 버튼을 클릭한 채 드래그하여 대각선 방향으로 이동한 후 마우스 버튼에서 손을 놓으면 이동한 만큼 창의 크기로 변합니다.

❶ 클릭한 채로 드래그

❷ 마우스 버튼에서 손을 놓습니다.

### 팁! 창을 화면의 오른쪽으로 붙이기

창을 화면의 오른쪽으로 붙이려면 윈도우 키(▓)를 누른 채 오른쪽 화살표(→) 키를 누르면 됩니다.

# 오른쪽으로 창의
# 크기를 늘이기

창의 크기를 오른쪽으로 늘여 보겠습니다.

**01** 마우스를 창의 오른쪽 경계선으로 이동하면 마우스 커서의 모양이 ⟺로 변하는데
이때 클릭합니다.

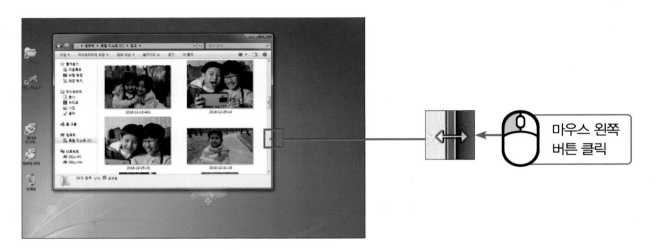

마우스 왼쪽
버튼 클릭

**02** 마우스 버튼을 클릭한 채 오른쪽으로 드래그한 후 마우스 버튼에서 손을 놓으면 창
의 크기가 커집니다.

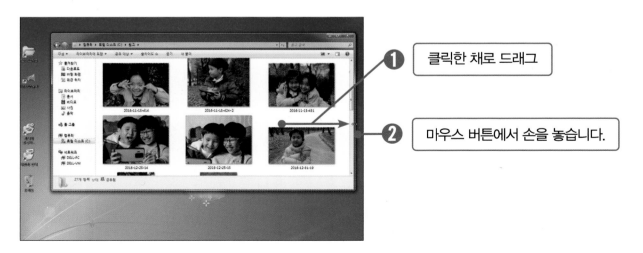

**1** 클릭한 채로 드래그

**2** 마우스 버튼에서 손을 놓습니다.

# Section 03 창의 크기를 최대한 크게 하기

창의 크기를 바탕 화면 크기로 최대한 크게 키워 보겠습니다.

**01** 창에서 [최대화]를 클릭합니다.

마우스 왼쪽
버튼 클릭

**02** 창의 크기가 바탕 화면만큼 크게 됩니다.

# Section 04 창 닫기

열려 있는 창을 닫아 보겠습니다.

**01** [닫기]를 클릭합니다.

마우스 왼쪽
버튼 클릭

작업 표시줄에서 [탐색기]가 선택되면
사각형 안에 [탐색기]가 표시됩니다.

**02** 창이 닫힙니다.

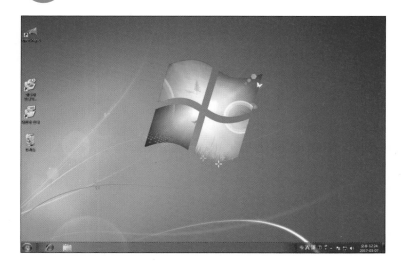

[탐색기]가 닫히면 탐색기에 있던 사각
형이 사라지고 아이콘만 표시됩니다.

# Section 05

# 두 개의 창을
# 보기 좋게 정렬하기

크기가 다른 두 종류의 창을 크기가 같도록 정렬해 보겠습니다.

**01** 왼쪽에 있는 창의 제목 표시줄을 클릭합니다.

마우스 왼쪽
버튼 클릭

**02** 마우스 버튼을 클릭한 채 왼쪽 창 끝으로 이동합니다.

클릭한 채로 드래그

참고!

창의 크기가 바탕 화면의 1/2이 되도록
보입니다.

**03** 마우스 버튼을 놓으면 왼쪽 창이 바탕 화면의 1/2이 되도록 보입니다. 오른쪽 창의
제목 표시줄을 클릭합니다.

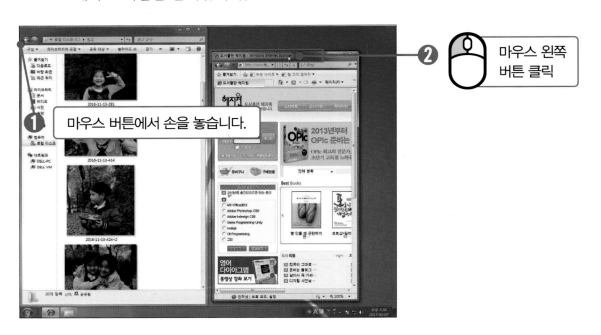

마우스 버튼에서 손을 놓습니다.

마우스 왼쪽
버튼 클릭

**04** 마우스 버튼을 클릭한 채 오른쪽 창 끝으로 이동합니다.

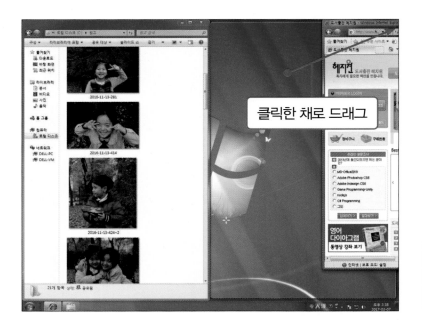

클릭한 채로 드래그

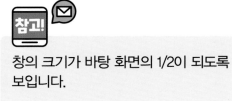

참고!

창의 크기가 바탕 화면의 1/2이 되도록
보입니다.

**05** 마우스 버튼을 놓으면 오른쪽 창이 바탕 화면의 1/2이 되도록 보입니다.

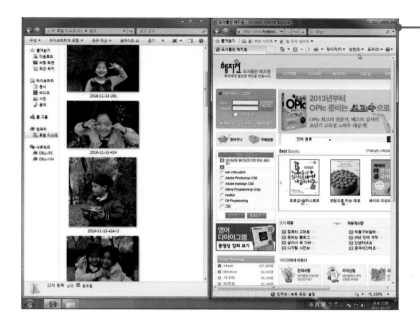

마우스 버튼에서 손을 놓습니다.

**팁!** 창을 전체 크기로 만들려면

창을 전체 크기로 만들려면 제목 표시줄을 바탕 화면의 위쪽 끝으로 이동하면 전체
크기로 만들 수 있습니다.

마우스 왼쪽 버튼을 클릭한 채로
위쪽 끝으로 이동합니다.

# Section 06

## 창을 흔들어 정리하기

여러 개의 프로그램을 실행한 후 한 개의 프로그램 창만 남겨 놓고 다른 창들을 작업 표시줄로 최소화시킨 후 다시 활성화시켜 보겠습니다.

**01** [인터넷 익스플로러]를 클릭합니다.

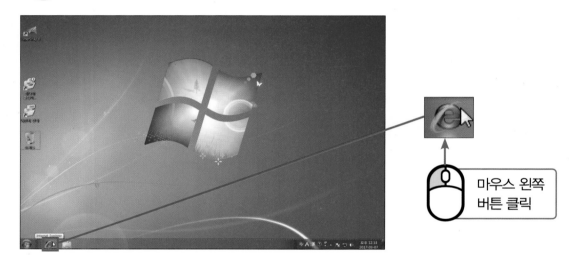

마우스 왼쪽
버튼 클릭

**02** [탐색기]를 클릭합니다.

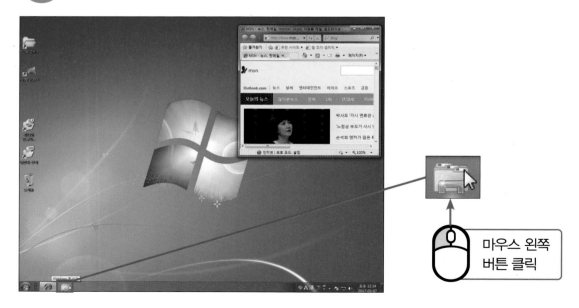

마우스 왼쪽
버튼 클릭

76 / 어른들을 위한 가장 쉬운 컴퓨터

**03** [시작]을 클릭한 후 [그림판]을 클릭합니다.

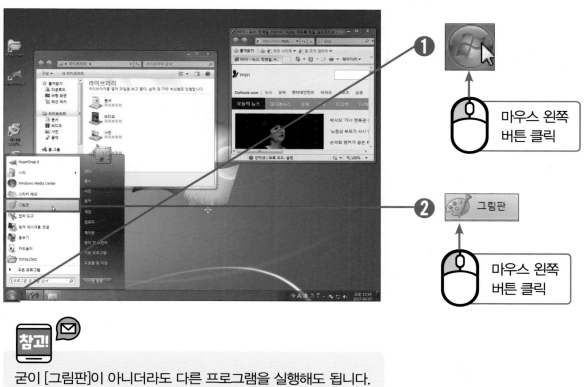

① 마우스 왼쪽 버튼 클릭

② 그림판

마우스 왼쪽 버튼 클릭

**참고!**

굳이 [그림판]이 아니더라도 다른 프로그램을 실행해도 됩니다.

**04** 창이 세 개가 나타나면 남겨 놓을 창의 제목을 클릭한 상태에서 흔듭니다.

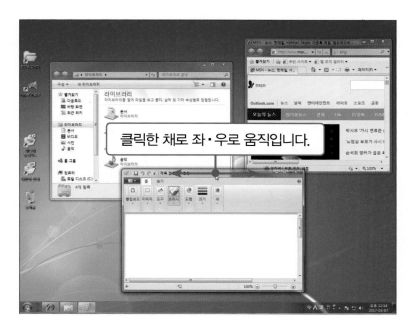

클릭한 채로 좌·우로 움직입니다.

**05** 마우스로 클릭한 프로그램만 남고 다른 프로그램들은 최소화됩니다.

**06** 다시 활성화시킬 프로그램을 작업 표시줄에서 클릭하면 프로그램이 화면에 나타납니다.

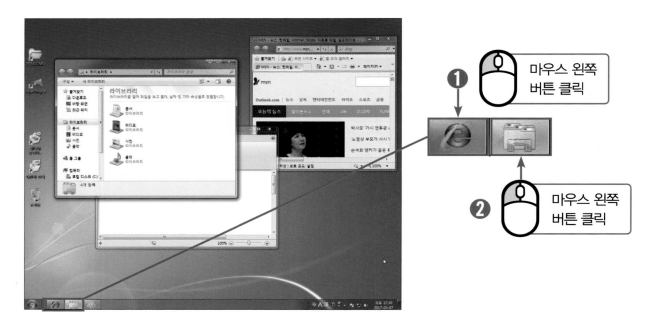

① 마우스 왼쪽 버튼 클릭

② 마우스 왼쪽 버튼 클릭

# Section 07

## 바탕 화면 한 번에 정리하기

바탕 화면의 여러 가지 프로그램을 한 번에 작업 표시줄로 감춰 보겠습니다.

**01** 여러 개의 프로그램이 실행되어 있습니다.

**02** [바탕 화면 보기]를 클릭합니다.

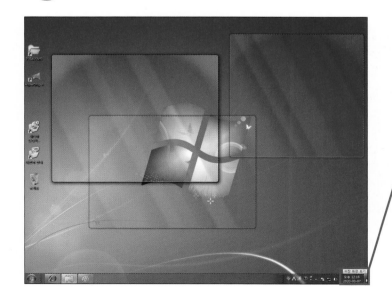

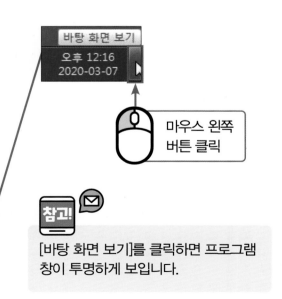

마우스 왼쪽 버튼 클릭

참고!

[바탕 화면 보기]를 클릭하면 프로그램 창이 투명하게 보입니다.

**03** 실행되었던 프로그램들이 작업 표시줄로 감춰집니다.

[바탕 화면 보기]를 다시 클릭하면 숨겨져 있던 프로그램들이 다시 활성화됩니다.

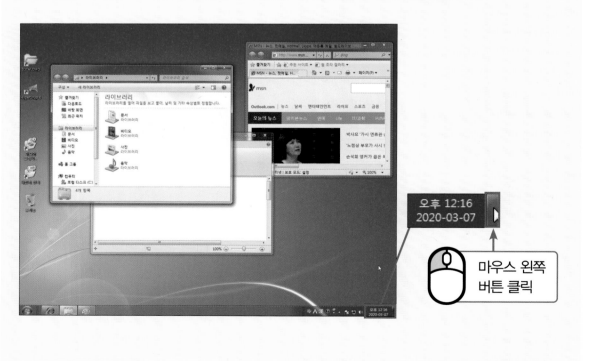

마우스 왼쪽
버튼 클릭

# 제 06장

# 윈도우의 만능 재주꾼 탐색기

탐색기는 윈도우에서 파일의 복사, 삭제, 이동 등을 할 수 있는 기능을 가진 프로그램입니다. 윈도우를 이용하려면 반드시 알아야 합니다.

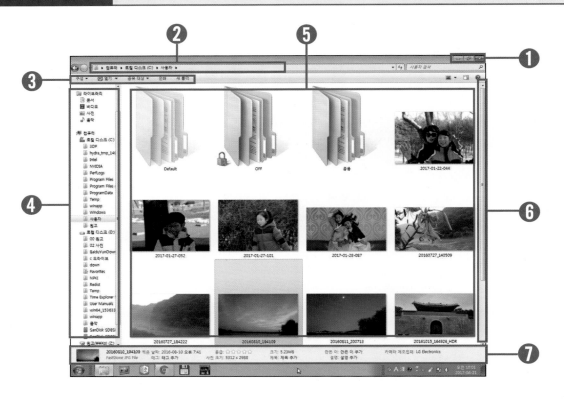

❶ **창 조절** : 창의 크기를 조절합니다.

❷ **주소 표시줄** : 현재 보고 있는 곳의 위치를 알려 줍니다.

❸ **도구 모음** : 창에서 작업 가능한 명령을 보여 줍니다.

❹ **탐색 창** : 드라이브와 폴더를 선택하는 곳입니다.

❺ **내용 창** : 드라이브와 폴더의 내용을 보여 줍니다.

❻ **스크롤 바** : 한 번에 내용을 볼 수 없을 때 내용을 위/아래로 이동시키는 막대입니다.

❼ **세부 정보 창** : 현재 선택된 폴더나 파일의 상태를 보여 줍니다.

# 파일 보는 법 설정하기

Section 02

탐색기에서 폴더에 있는 내용을 보는 방법에 대해서 설정해 보겠습니다.

**01** [탐색기]를 클릭합니다.

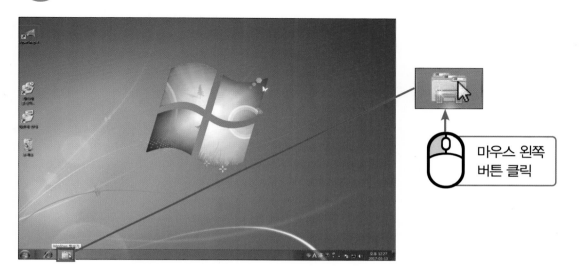

마우스 왼쪽
버튼 클릭

**02** 탐색기가 실행되면 [최대화]를 클릭합니다.

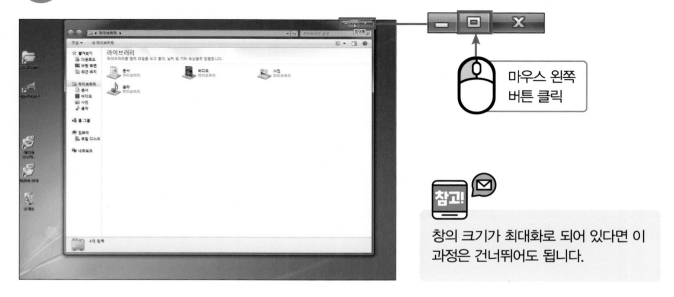

마우스 왼쪽
버튼 클릭

참고!

창의 크기가 최대화로 되어 있다면 이
과정은 건너뛰어도 됩니다.

**03** 탐색 창에서 컴퓨터를 클릭합니다.

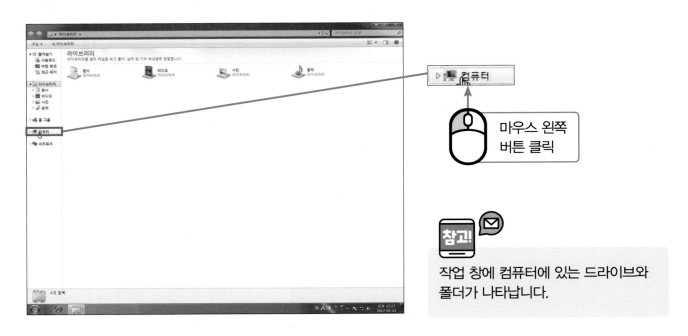

마우스 왼쪽
버튼 클릭

참고!

작업 창에 컴퓨터에 있는 드라이브와
폴더가 나타납니다.

**04** 드라이브를 더블클릭합니다.

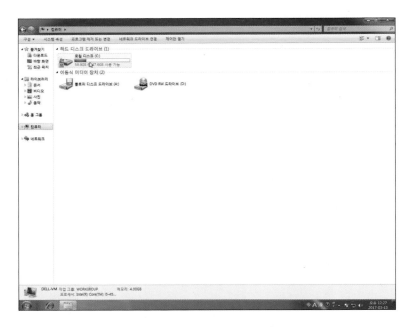

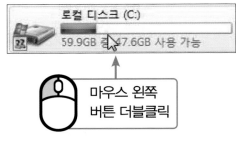

마우스 왼쪽
버튼 더블클릭

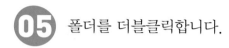 폴더를 더블클릭합니다.

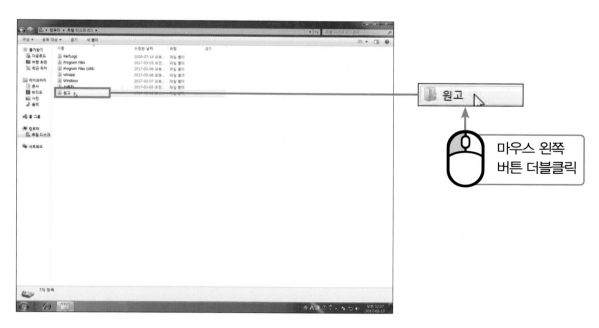

마우스 왼쪽
버튼 더블클릭

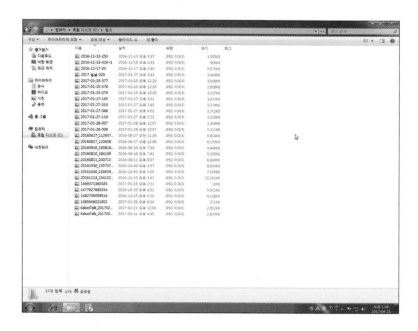 폴더의 내용이 보입니다.

**07** [기타 옵션]을 클릭합니다.

마우스 왼쪽
버튼 클릭

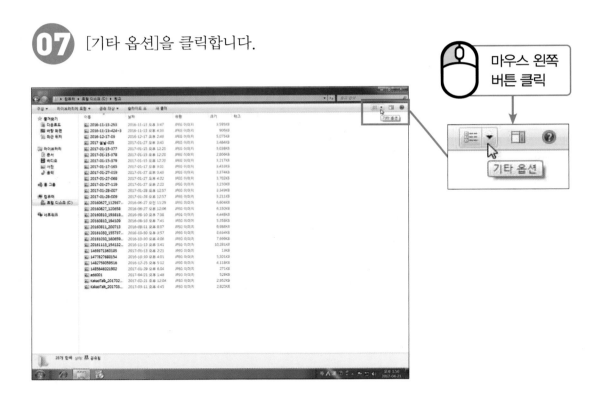

기타 옵션

**08** [나란히 보기]를 클릭합니다.

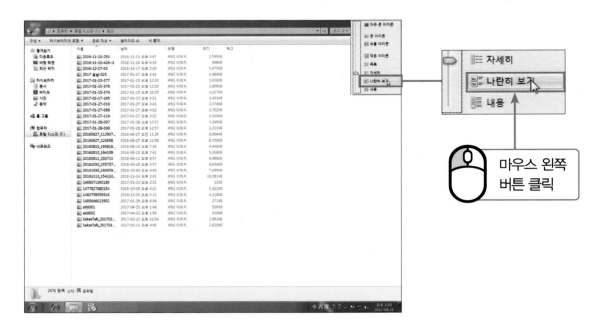

자세히
나란히 보기
내용

마우스 왼쪽
버튼 클릭

파일들이 나란히 정렬됩니다.

참고! 선택하는 옵션에 따라서 내용 창에 다르게 보입니다.

## 팁! 기타 옵션

파일 보기 옵션을 선택하면 파일의 속성에 따라서 아이콘의 모양이 다르게 보입니다.

❶ **자세히 :** 파일의 생성된 날짜, 속성, 크기 등이 보입니다.

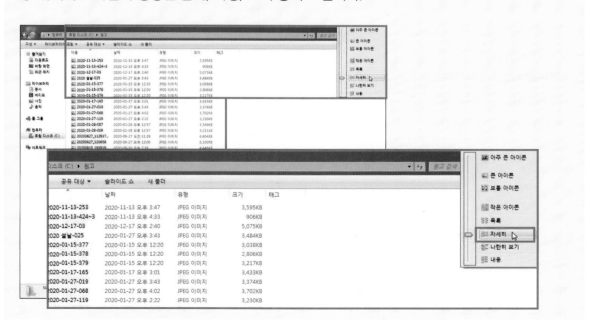

**❷ 목록 :** 파일을 이름순으로 목록만 보여 줍니다.

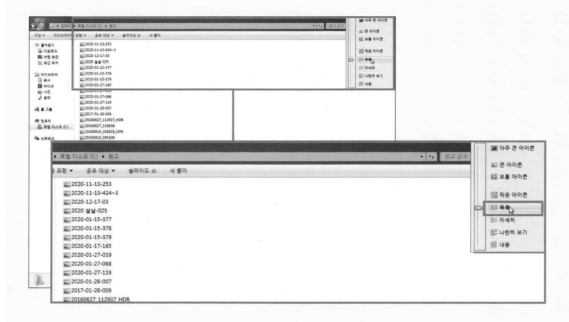

**❸ 작은 아이콘 :** 파일들을 작은 아이콘으로 보여 줍니다.

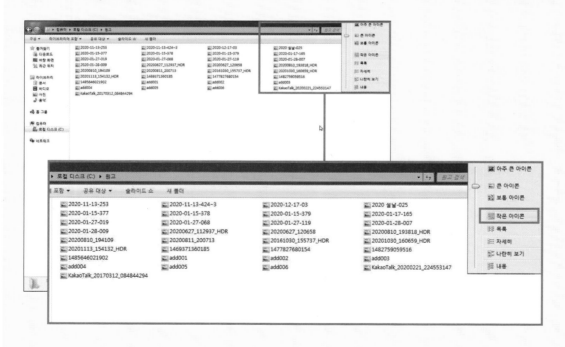

**❹ 보통 아이콘 :** 파일을 보통 크기의 아이콘으로 보여 줍니다. 그림이나 사진의 경우 조그마한 모양으로 보여 줍니다.

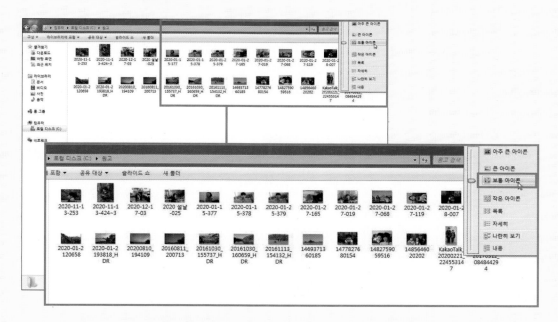

**❺ 큰 아이콘 :** 파일을 큰 아이콘으로 보여 줍니다. 그림이나 사진의 경우 이미지를 보여 줍니다.

**❻ 아주 큰 아이콘 :** 아이콘을 크게 보여 줍니다. 이 옵션은 사진을 미리보기할 때 사용하면 좋습니다.

## Section 03

# 미리보기 설정하기

폴더에 그림 파일이 있는 경우 [미리보기]를 선택하면 그림을 크게 볼 수 있습니다.

**01** [미리보기]를 클릭합니다.

마우스 왼쪽
버튼 클릭

**02** 내용 창 오른쪽에 미리보기 창이 생기는데 경계선 근처로 마우스를 가져가서 마우스의 모양이 ↔로 변할 때 클릭합니다.

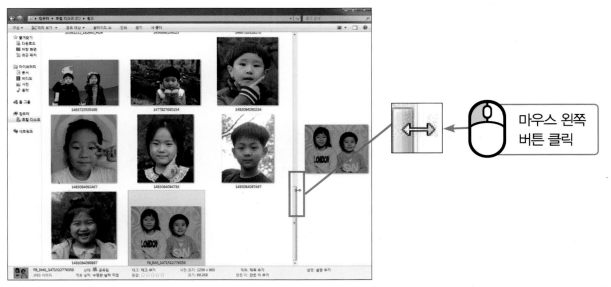

마우스 왼쪽
버튼 클릭

**03** 마우스 버튼을 클릭한 채 왼쪽으로 드래그하면 미리보기 창의 크기를 조절할 수 있습니다.

클릭한 채로 드래그

## 💥-팁! 미리보기

파일을 선택하면 미리보기 창에서 간단한 텍스트나 그림 파일의 내용을 볼 수 있습니다.

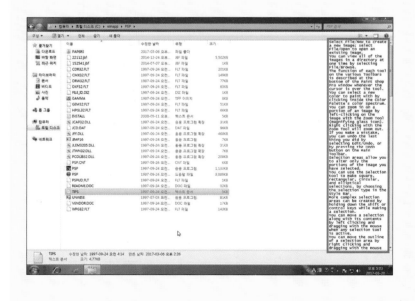

# Section 04

# 파일 선택하고
# 선택 취소하기

파일을 선택하고 선택을 취소해 보겠습니다.

**01** 선택할 파일을 클릭합니다.

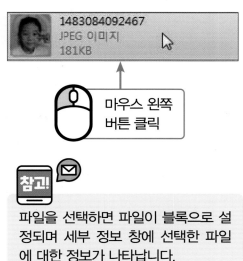

마우스 왼쪽
버튼 클릭

**참고!** 파일을 선택하면 파일이 블록으로 설정되며 세부 정보 창에 선택한 파일에 대한 정보가 나타납니다.

**02** 파일이 없는 빈 공간을 클릭하면 파일 선택이 해제됩니다.

마우스 왼쪽
버튼 클릭

**참고!** 파일 선택이 해제되면서 세부 정보 창의 정보도 달라집니다.

# Section 05

## 마우스를 이용하여 연속으로 파일 선택하기

연속적인 여러 개의 파일을 드래그하여 한꺼번에 선택해 보겠습니다.

**01** 선택할 파일의 오른쪽 여백을 클릭합니다.

마우스 왼쪽 버튼 클릭

참고!

파일의 오른쪽 여백을 클릭해야 합니다.

**02** 마우스 버튼을 누른 채 드래그하여 선택할 파일들을 선택합니다.

클릭한 채로 드래그

 참고!

선택할 파일들이 포함될 정도로 크게 드래그합니다.

**03** 마우스 버튼에서 손을 떼면 드래그한 파일들이 선택됩니다.

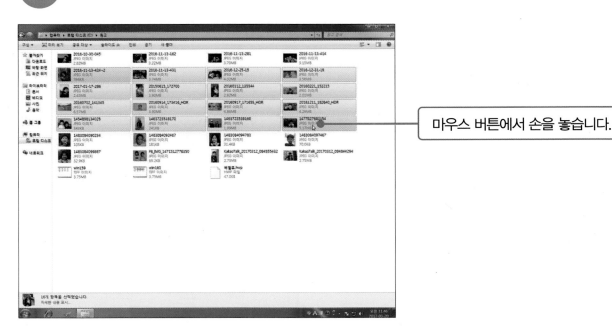

마우스 버튼에서 손을 놓습니다.

# Section 06

# 키보드를 이용하여 연속 파일 선택하기

키보드의 Shift 키를 이용하여 파일을 연속으로 선택해 보겠습니다.

**01** 연속으로 선택할 파일 중 첫 번째 파일을 클릭합니다.

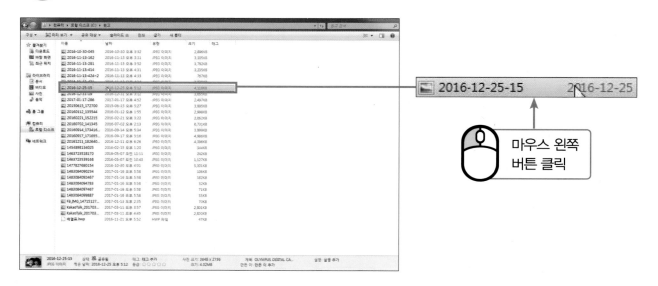

2016-12-25-15    2016-12-25

마우스 왼쪽 버튼 클릭

**02** Shift 키를 누른 채 마지막으로 선택할 파일을 클릭합니다.

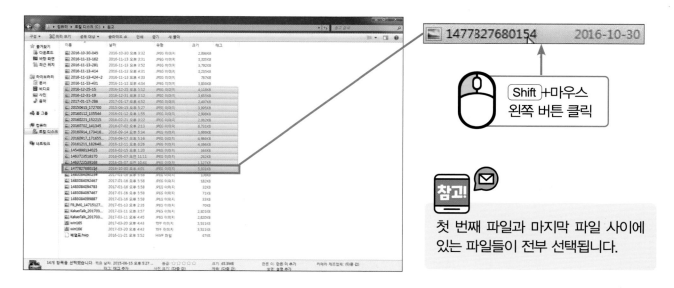

1477327680154    2016-10-30

Shift +마우스 왼쪽 버튼 클릭

**참고!** 첫 번째 파일과 마지막 파일 사이에 있는 파일들이 전부 선택됩니다.

# Section 07

## 연속되지 않은 파일 선택하기

연속되어 있지 않은 파일들을 선택해 보겠습니다.

---

**01** 첫 번째 파일을 클릭합니다.

2017-01-17-286
JPEG 이미지
2.43MB

마우스 왼쪽
버튼 클릭

---

**02** Ctrl 키를 누른 채 두 번째 파일을 클릭합니다.

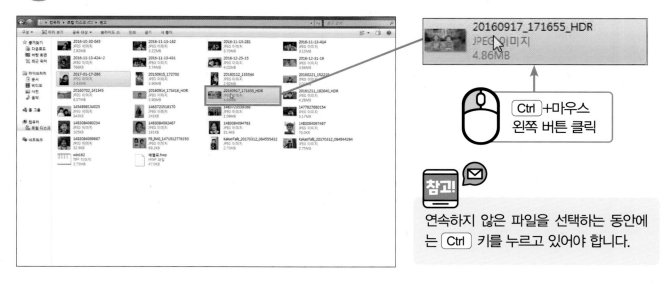

20160917_171655_HDR
JPEG 이미지
4.86MB

Ctrl +마우스
왼쪽 버튼 클릭

**참고!** 연속하지 않은 파일을 선택하는 동안에
는 Ctrl 키를 누르고 있어야 합니다.

**03** Ctrl 키를 누른 채 세 번째 파일을 클릭합니다.

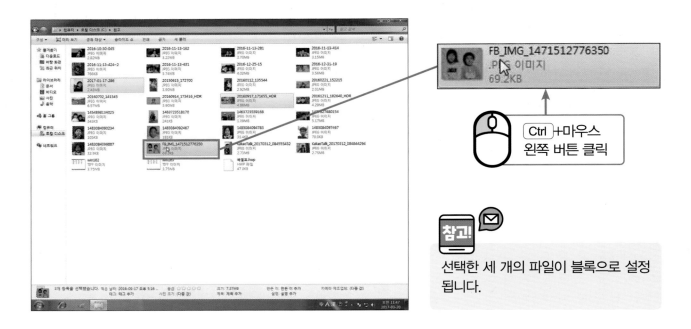

참고!

선택한 세 개의 파일이 블록으로 설정
됩니다.

## 팁! 여러 개의 파일을 선택한 후 명령

선택된 세 개의 파일은 한 개의 파일처럼 한 번에 삭제할 수도 있고, 압축할 수도 있습니다.

# Section 08 폴더 만들기

탐색기를 이용하여 하드디스크에 폴더를 만들어 보겠습니다.

**01** [탐색기]를 클릭합니다.

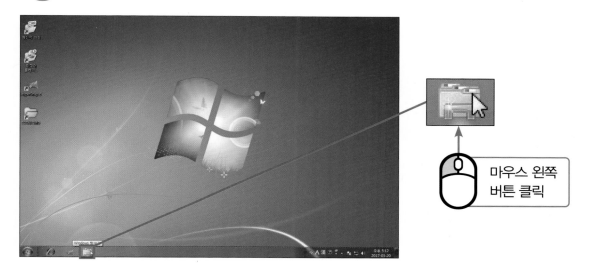

마우스 왼쪽
버튼 클릭

**02** [로컬디스크(:C)]를 클릭한 후 작업 창에서 마우스 오른쪽 버튼을 클릭한 후
[새로 만들기]-[폴더]를 클릭합니다.

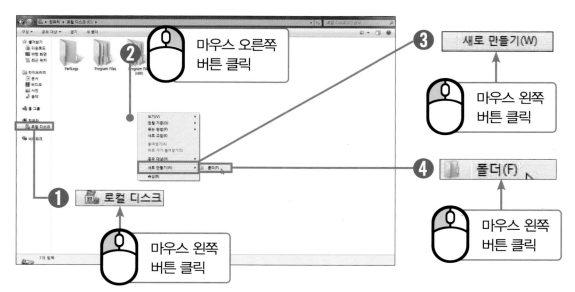

마우스 오른쪽
버튼 클릭

**3** 새로 만들기(W)

마우스 왼쪽
버튼 클릭

**4** 폴더(F)

마우스 왼쪽
버튼 클릭

**1** 로컬 디스크

마우스 왼쪽
버튼 클릭

**03** 새로운 폴더가 만들어집니다.

폴더가 만들어졌습니다.

참고!

폴더의 이름이 블록으로 설정됩니다.

**04** 새로운 폴더의 이름(작업)을 입력합니다.

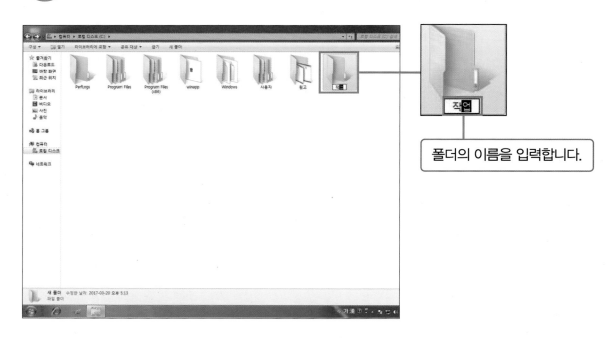

폴더의 이름을 입력합니다.

**05** Enter 키를 누르면 폴더의 이름이 확정됩니다.

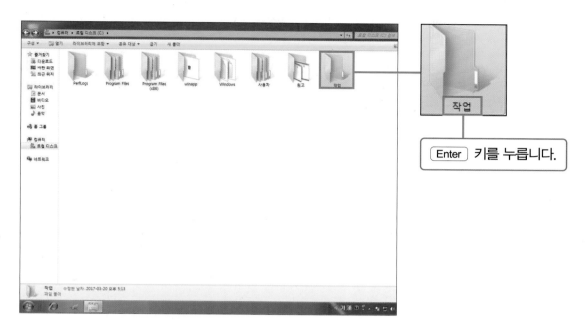

Enter 키를 누릅니다.

 **팁! 이름 바꾸기 취소하기**

이름을 바꾼 후 취소하려면 폴더의 오른쪽 아래에 커서를 둔 후 마우스 오른쪽 버튼을 누르면
나타나는 메뉴에서 [이름 바꾸기 취소]를 클릭합니다.

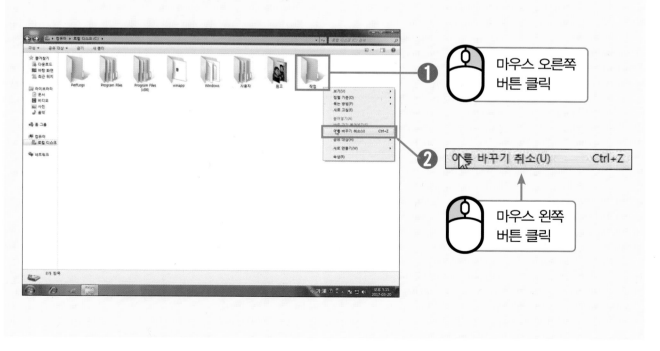

① 마우스 오른쪽 버튼 클릭

② 이름 바꾸기 취소(U)    Ctrl+Z

마우스 왼쪽 버튼 클릭

# Section 09

# 폴더 이름 바꾸기

이미 만들어진 폴더의 이름을 바꾸어 보겠습니다.

**01** 이름을 바꿀 폴더를 마우스 오른쪽 버튼으로 클릭한 후 [이름 바꾸기]를 클릭합니다.

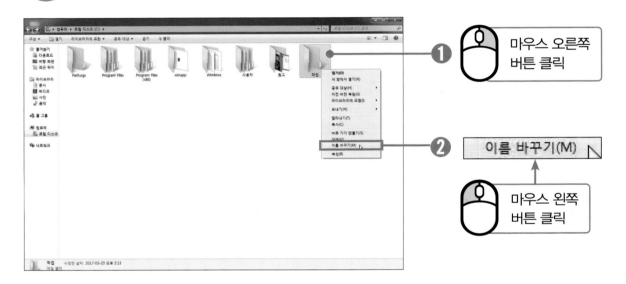

① 마우스 오른쪽 버튼 클릭

② 이름 바꾸기(M)

마우스 왼쪽 버튼 클릭

**02** 이름이 블록으로 설정됩니다.

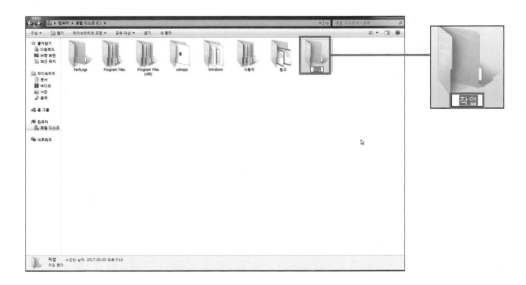

**03** 새로운 이름을 입력한 후 Enter 키를 누릅니다.

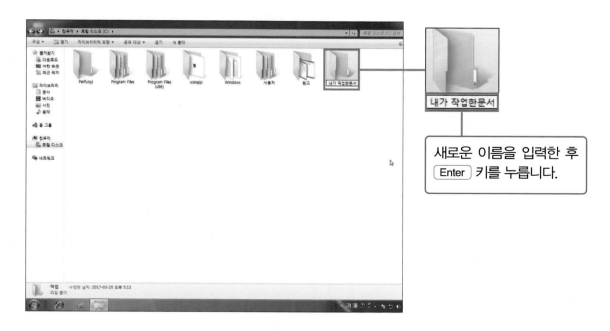

새로운 이름을 입력한 후
Enter 키를 누릅니다.

**04** 폴더의 이름이 확정됩니다.

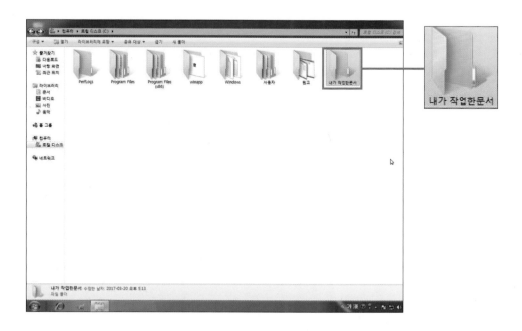

# Section 10

## 폴더 삭제하기

폴더를 삭제해 보겠습니다.

**01** 삭제할 폴더를 마우스 오른쪽 버튼으로 클릭한 후 [삭제]를 클릭합니다.

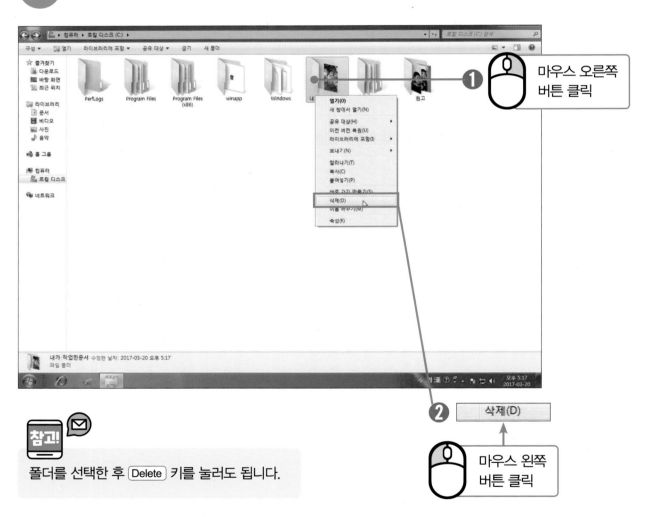

① 마우스 오른쪽 버튼 클릭

② 삭제(D)

마우스 왼쪽 버튼 클릭

참고!

폴더를 선택한 후 Delete 키를 눌러도 됩니다.

폴더를 삭제하겠느냐는 대화상자가 나타나면 [예]를 클릭합니다.

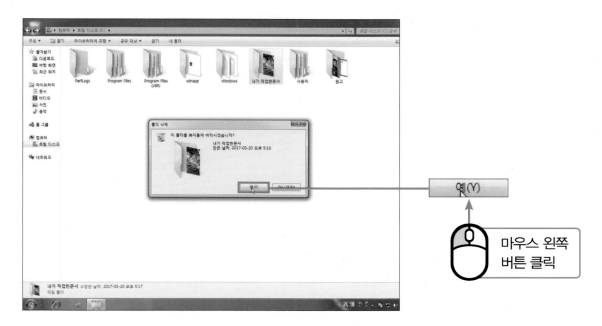

마우스 왼쪽
버튼 클릭

**03** 폴더가 삭제됩니다.

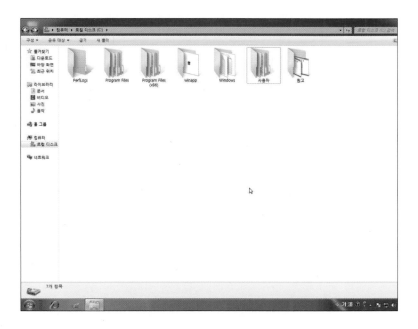

폴더를 마우스 오른쪽 버튼으로 클릭하면 나오는 메뉴에서 [속성]을 클릭하면 폴더에 대한
내용을 볼 수 있습니다.

■ **종류** : 파일인지 폴더인지 알려 줍니다.
■ **위치** : 폴더가 있는 위치가 어느 드라이브의 어떤 폴더의 하위 폴더인지 알려 줍니다.
■ **크기** : 순수하게 폴더에 들어 있는 내용의 크기를 알려 줍니다.
■ **디스크 할당** : 실제로 폴더가 차지하는 공간의 크기를 알려 줍니다.
■ **내용** : 몇 개의 파일과 몇 개의 폴더가 있는지 알려 줍니다.

# 제 07장

# 파일
# 관리하기

탐색기를 이용하여 파일을 복사, 이동, 삭제해 보겠습니다.

# 파일 복사하기

파일의 복사는 원본 파일을 그대로 두고 다른 곳에 같은 파일을
복사하는 것입니다. 여러 개의 파일을 다른 폴더로 복사해 보겠습
니다.

**01** [탐색기]를 클릭합니다.

마우스 왼쪽
버튼 클릭

**02** [로컬디스크(:C)]를 클릭한 후 작업 창에서 원본 파일이 있는 폴더를 더블클릭
합니다.

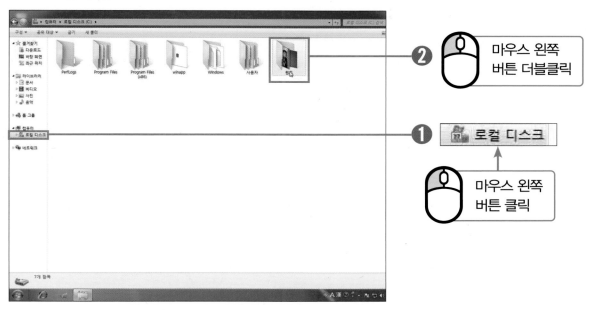

② 마우스 왼쪽
버튼 더블클릭

❶ 🖳 로컬 디스크

마우스 왼쪽
버튼 클릭

**03** Ctrl 키를 누른 채 복사할 파일을 차례로 클릭합니다.

Ctrl +마우스
왼쪽 버튼 클릭

**04** 파일이 선택되면 마우스 오른쪽 버튼을 클릭한 후 [복사]를 클릭합니다.

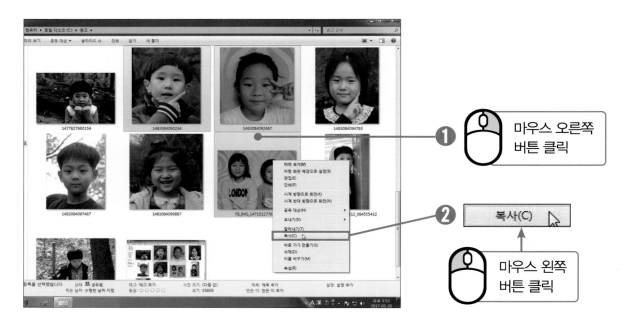

**05** 주소 표시줄에서 복사할 폴더가 있는 드라이브를 클릭합니다.

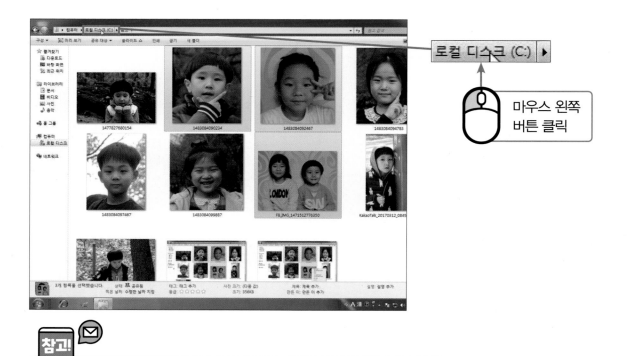

참고!

주소 표시줄에는 드라이브와 현재 보고 있는 폴더의 이름이 보입니다.

복사할 파일을 붙여 넣을 폴더를 더블클릭합니다.

마우스 왼쪽
버튼 더블클릭

**07** 폴더가 열리면 마우스 오른쪽 버튼을 클릭하여 [붙여넣기]를 클릭합니다.

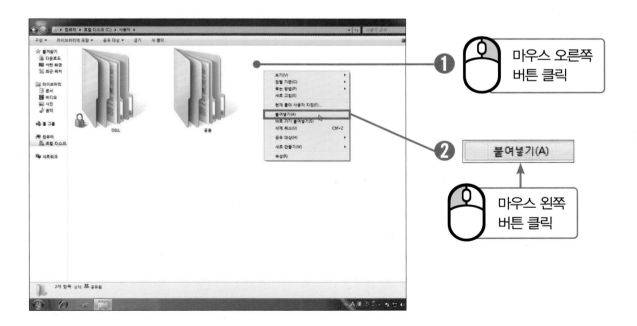

① 마우스 오른쪽
버튼 클릭

② 붙여넣기(A)

마우스 왼쪽
버튼 클릭

**08** 관리자의 권한이 필요하다는 메시지가 나타나면 [계속]을 클릭합니다.

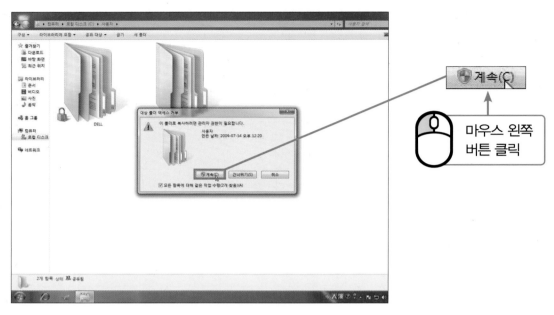

사용자의 컴퓨터에 따라서 이 내용이 다르게 보일 수 있습니다.

**09** 복사했던 파일들이 나타납니다.

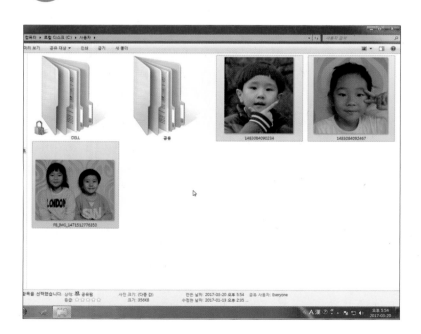

원래 파일이 있던 폴더에도 파일이 그대로 남아 있습니다.

# Section

## O2

# 파일 이동하기

파일 이동은 파일을 복사하면 원래 폴더에 있는 원본 파일이 삭제됩니다. 여러 개의 파일을 선택한 후 다른 곳으로 이동해 보겠습니다.

**01** [탐색기]를 클릭합니다.

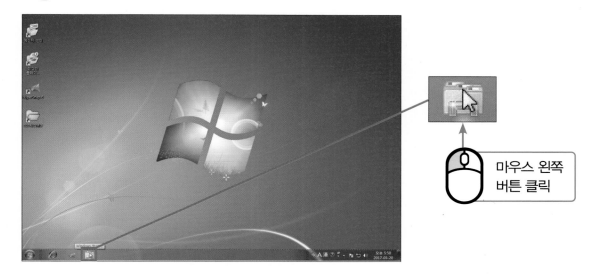

마우스 왼쪽
버튼 클릭

**02** [로컬디스크(:C)]를 클릭한 후 작업 창에서 원본 파일이 있는 폴더를 더블
클릭합니다.

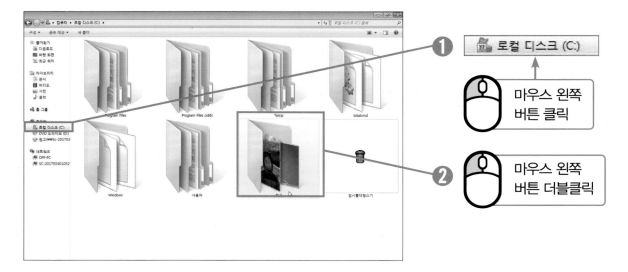

❶ 🖳 로컬 디스크 (C:)

마우스 왼쪽
버튼 클릭

❷ 마우스 왼쪽
버튼 더블클릭

**03** Ctrl 키를 누른 채 이동할 파일을 차례로 클릭합니다.

Ctrl +마우스
왼쪽 버튼 클릭

**04** 마우스 오른쪽 버튼을 누른 후 [잘라내기]를 클릭합니다.

① 마우스 오른쪽
버튼 클릭

② 잘라내기(T)

마우스 왼쪽
버튼 클릭

**참고!** 📧

탐색기에서는 '이동하기'를 [잘라내기]라는 명령으로 실행합니다.

[로컬디스크(:C)]를 클릭합니다.

잘라내기로 선택한 파일들이 흐리게 보입니다.

**06** 붙여넣기를 할 폴더를 더블클릭합니다.

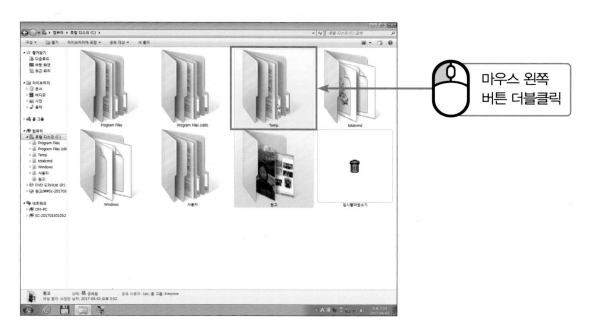

마우스 왼쪽
버튼 더블클릭

**07** 마우스 오른쪽 버튼을 클릭한 후 [붙여넣기]를 클릭합니다.

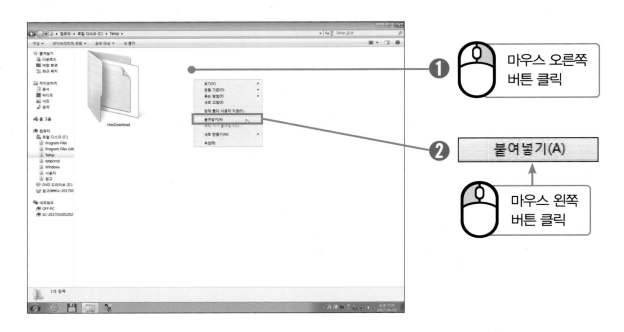

마우스 오른쪽
버튼 클릭

붙여넣기(A)

마우스 왼쪽
버튼 클릭

**08** 잘라내기한 파일들이 나타납니다.

# Section 03

# 파일 삭제하기

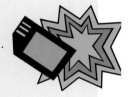

사용하지 않는 파일을 삭제해 보겠습니다. 파일과 폴더는 같은 방법으로 삭제합니다.

**01** [탐색기]를 클릭합니다.

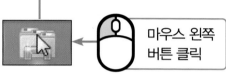
마우스 왼쪽 버튼 클릭

**참고!** 💬

파일(폴더)을 삭제하기 전의 [휴지통]은 🗑 모양입니다.

**02** 드라이브를 클릭한 후 삭제할 파일이 있는 폴더를 더블클릭합니다.

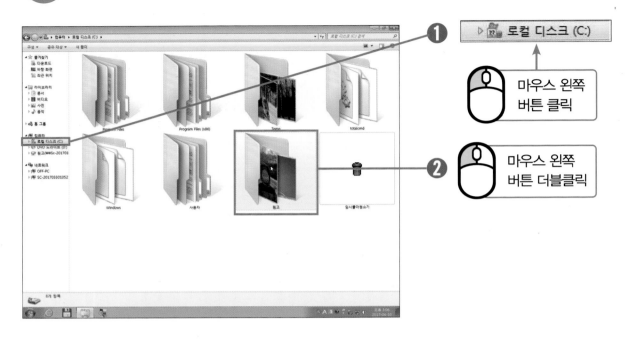

**03** 삭제할 파일을 Ctrl 키를 누른 채 차례로 클릭한 후 마우스 오른쪽 버튼을 클릭하여 [삭제]를 클릭합니다.

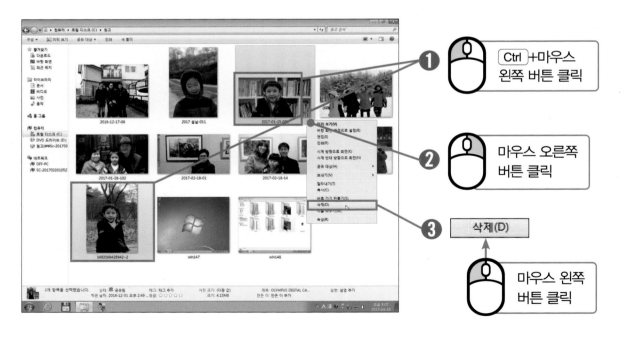

**04** 파일이 삭제됩니다. [닫기]를 클릭합니다.

마우스 왼쪽
버튼 클릭

 **05** 휴지통의 모양이 바뀌었습니다.

휴지통

 참고!

파일이 비워지면 휴지통의 모양이 로 바뀝니다.

## 팁! 파일 삭제하기와 하드 디스크 용량

하드 디스크의 용량이 부족해서 파일을 삭제해도 휴지통 비우기를 하지 않으면 하드 디스크의 용량은 변함이 없습니다.

휴지통에 파일이 있는 경우와 휴지통 비우기를 한 경우의 사용 공간을 비교해 보기 바랍니다.

■ **휴지통에 파일이 들어 있는 경우**

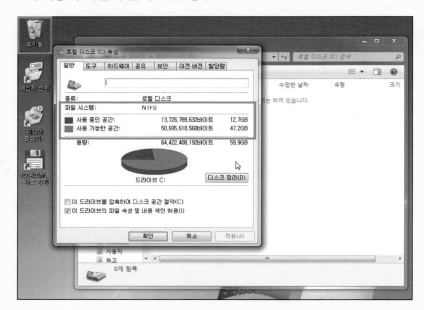

■ **휴지통 비우기를 하여 휴지통을 비운 경우**

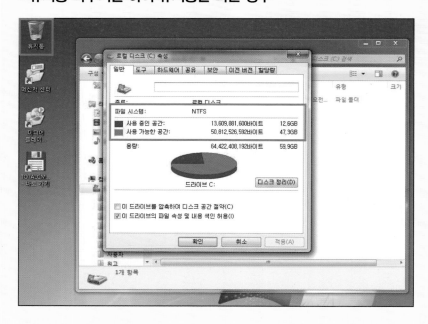

# 제 08장

# USB
# 사용하기

USB는 휴대하기 편한 이동식 저장 장치로 은행 보안인증서나 필요한 파일을 저장해서 가지고 다닐 수 있습니다. USB를 포맷하고 폴더를 복사하는 방법에 대해서 알아보겠습니다.

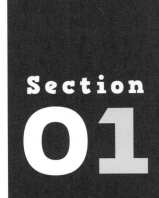

# USB 포맷하기

USB를 포맷하고 이름을 바꾸어 보겠습니다.

**01** USB를 컴퓨터에 꽂으면 사용할 준비가 되었다는 메시지가 나타납니다.

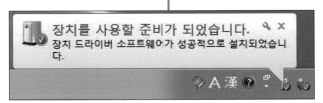

**02** 창이 나타나면 [스캔 없이 계속]을 클릭합니다. [탐색기]를 클릭합니다.

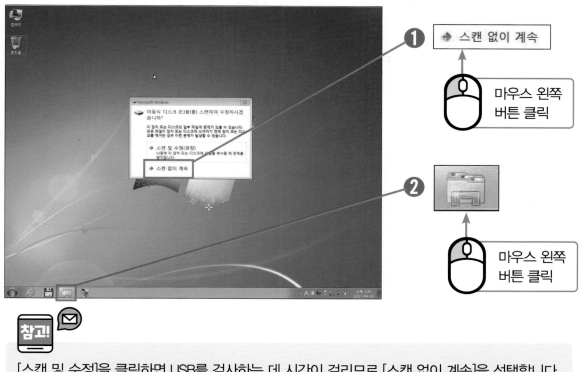

**①** ➡ 스캔 없이 계속

마우스 왼쪽
버튼 클릭

**②**

마우스 왼쪽
버튼 클릭

참고!

[스캔 및 수정]을 클릭하면 USB를 검사하는 데 시간이 걸리므로 [스캔 없이 계속]을 선택합니다.

**03** 탐색기에서 USB 드라이브인 "E" 드라이브가 나타납니다.

GSP1RMCKULX (E:)

참고!

드라이브의 명칭은 사용자의 컴퓨터에
따라 다를 수 있습니다.

**04** E 드라이브를 마우스 오른쪽 버튼으로 클릭한 후 [포맷]을 클릭합니다.

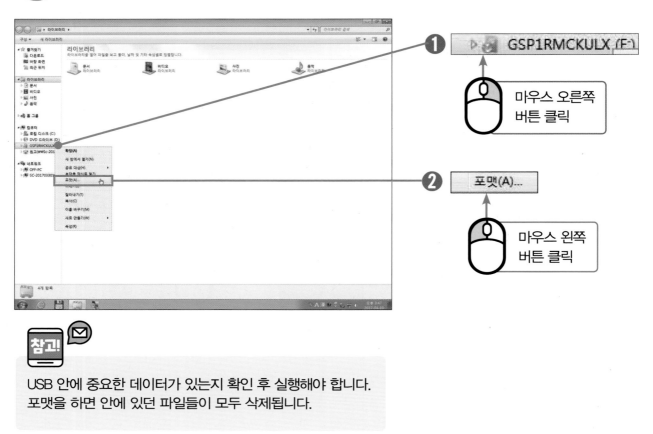

❶ ▷ GSP1RMCKULX (E:)

마우스 오른쪽
버튼 클릭

❷ 포맷(A)...

마우스 왼쪽
버튼 클릭

**참고!** 📧

USB 안에 중요한 데이터가 있는지 확인 후 실행해야 합니다.
포맷을 하면 안에 있던 파일들이 모두 삭제됩니다.

**05** [포맷] 창이 나타나면 [볼륨 레이블]을 클릭합니다.

볼륨 레이블(_):
GSP1RMCKULX

마우스 왼쪽
버튼 클릭

**06** 볼륨 레이블이 블록으로 설정됩니다.

볼륨 레이블(_):

GSP1RMCKULX

**참고!**

볼륨 레이블은 USB를 넣었을 때
보이는 이름입니다.

**07** 새로운 이름을 입력한 후 [시작]을 클릭하고 [확인]을 클릭합니다.

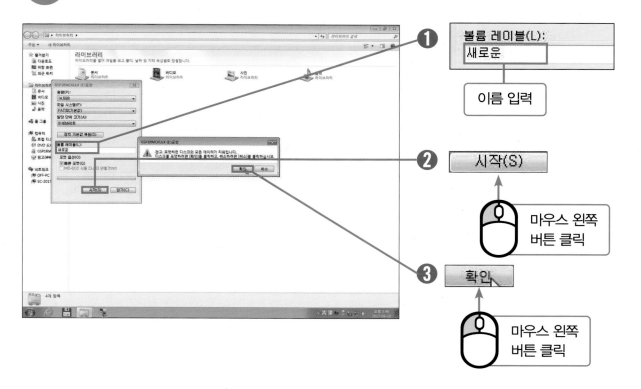

**①** 볼륨 레이블(L):

새로운

이름 입력

**②** 시작(S)

마우스 왼쪽
버튼 클릭

**③** 확인

마우스 왼쪽
버튼 클릭

**08** 포맷이 완료되면 [확인]을 클릭합니다.

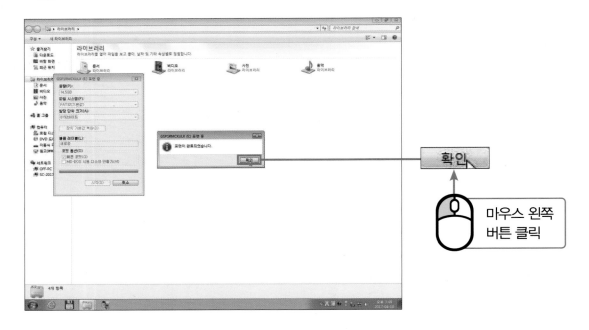

마우스 왼쪽
버튼 클릭

**09** [닫기]를 클릭합니다.

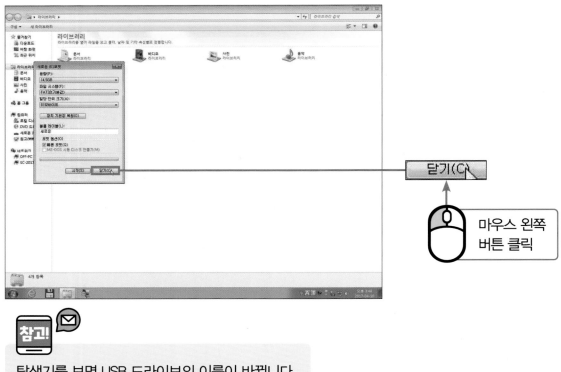

마우스 왼쪽
버튼 클릭

참고!

탐색기를 보면 USB 드라이브의 이름이 바뀝니다.

**10** 탐색기에서 USB 드라이브를 마우스 오른쪽 버튼으로 클릭한 후 [속성]을 클릭합니다.

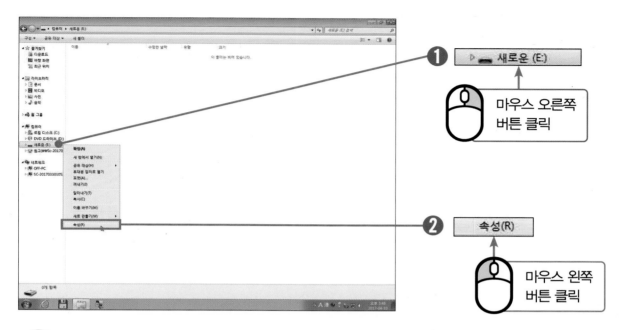

➊ ▷ 🖴 새로운 (E:)

마우스 오른쪽
버튼 클릭

➋ 속성(R)

마우스 왼쪽
버튼 클릭

**11** USB의 이름, 종류, 크기 등의 정보가 나타납니다. [확인]을 클릭합니다.

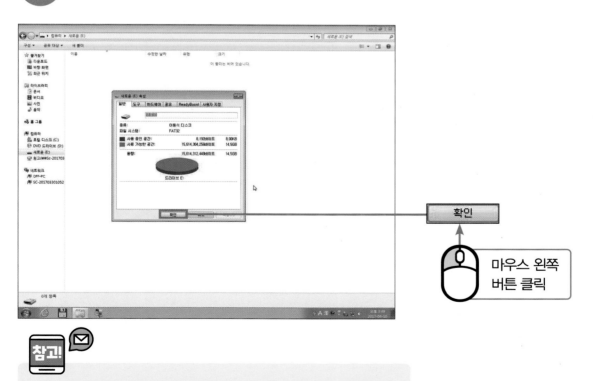

확인

마우스 왼쪽
버튼 클릭

참고!

등록 정보에는 USB의 크기와 사용 가능한 공간 등이 표시됩니다.

# Section 02

# USB로 폴더 복사하기

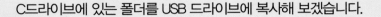

C드라이브에 있는 폴더를 USB 드라이브에 복사해 보겠습니다.

**01** [탐색기]를 클릭합니다.

마우스 왼쪽
버튼 클릭

**02** 드라이브를 클릭한 후 복사할 폴더를 마우스 오른쪽 버튼으로 클릭한 후
[복사]를 클릭합니다.

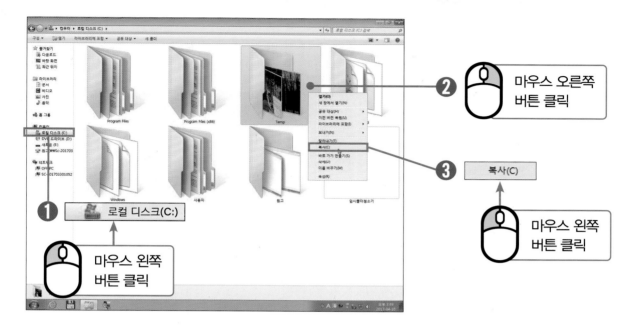

**03** USB 드라이브를 클릭한 후 작업 창에서 마우스 오른쪽 버튼을 클릭한 후
[붙여넣기]를 클릭합니다.

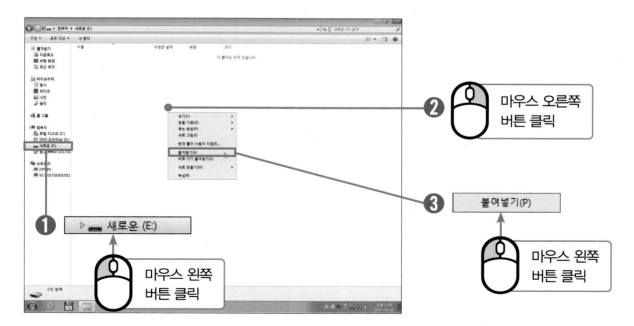

파일이 복사됩니다.

 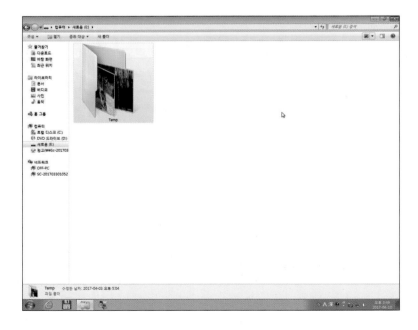

USB로 복사하는 경우 하드 디스크의 폴더에서 복사하는 것보다 시간이 더 걸릴 수 있습니다.

**05** 폴더가 복사됩니다.

# 제 09장

# 그림 보기

컴퓨터에서 그림을 볼 때는 알씨(Alsee)라는 프로그램을 사용합니다.
알씨를 인터넷에서 검색하여 설치한 후 그림을 보겠습니다.

# Section 01

# 알씨 검색하고 설치하기

알씨를 인터넷에서 검색하고 설치해 보겠습니다.

**01** [인터넷 익스플로러]를 클릭합니다.

마우스 왼쪽
버튼 클릭

인터넷 익스플로러가 실행됩니다.

 주소창을 클릭하여 블록으로 설정합니다.

마우스 왼쪽
버튼 클릭

네이버(www.naver.com)에서 검색할 것이므로 네이버 창이 나타나면 이 과정은 건너뛰어도 됩니다.

'www.naver.com'이라고 입력한 후 Enter 키를 누릅니다.

'www.naver.com'을 입력한 후 Enter 키를 누릅니다.

05 검색어 입력란을 클릭한 후 '알씨'라고 입력하고 '알씨 다운로드'를 클릭합니다.

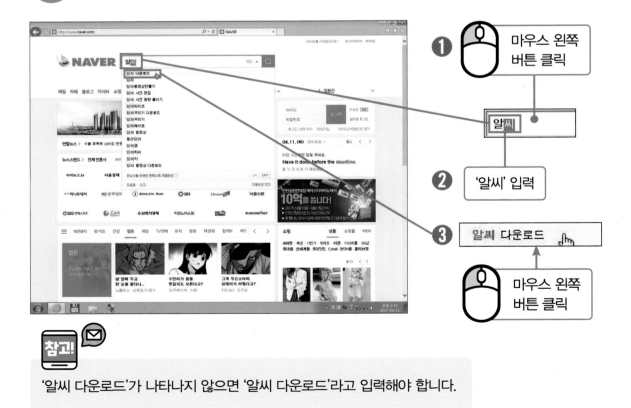

❶ 마우스 왼쪽 버튼 클릭

알씨

❷ '알씨' 입력

❸ 알씨 다운로드

마우스 왼쪽 버튼 클릭

참고!

'알씨 다운로드'가 나타나지 않으면 '알씨 다운로드'라고 입력해야 합니다.

검색결과에서 [다운로드]를 클릭합니다.

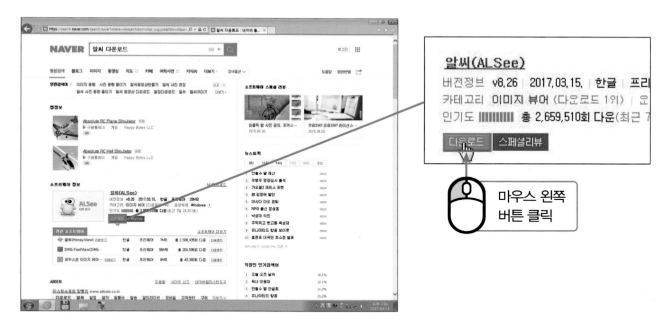

마우스 왼쪽
버튼 클릭

**07** [무료 다운로드]를 클릭합니다.

⊕ 무료 다운로드

마우스 왼쪽
버튼 클릭

네이버 자료실에서 다운로드받을 것입니다.

**08** [확인 후 다운로드]를 클릭합니다.

마우스 왼쪽
버튼 클릭

**09** [다운로드]를 클릭합니다.

마우스 왼쪽
버튼 클릭

**10** [다운로드]를 클릭합니다.

다운로드

마우스 왼쪽
버튼 클릭

**11** 저장하겠느냐는 질문이 나오면 [실행]을 클릭합니다.

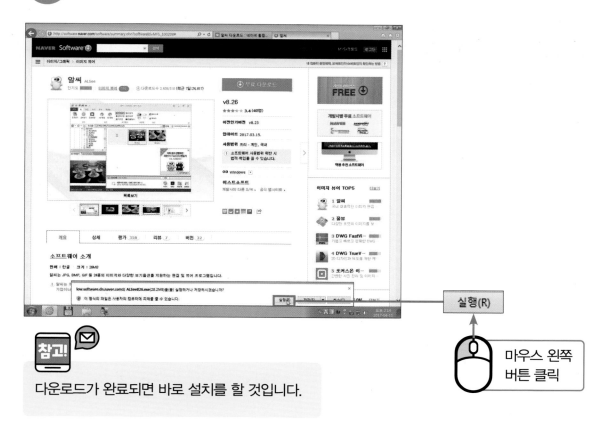

실행(R)

마우스 왼쪽
버튼 클릭

**참고!** 📧

다운로드가 완료되면 바로 설치를 할 것입니다.

**12** 다운로드가 진행됩니다.

**13** [알씨 설치] 대화상자가 나타나면 [동의]를 클릭합니다.

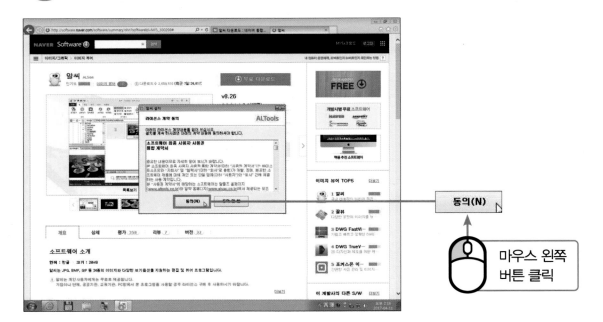

동의(N)

마우스 왼쪽
버튼 클릭

**14** [설치 시작]을 클릭합니다.

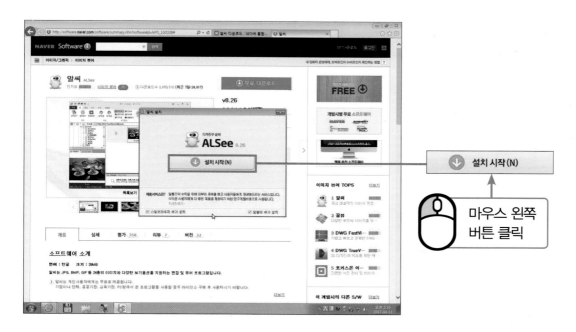

마우스 왼쪽
버튼 클릭

**15** [빠른 설치]를 클릭합니다.

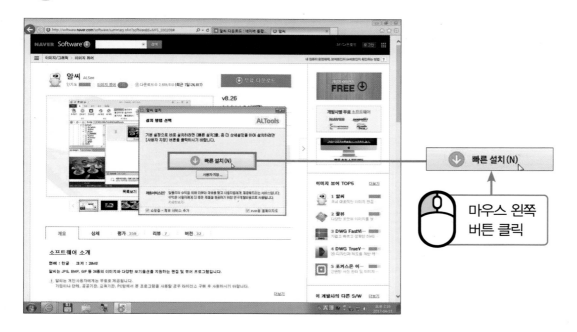

마우스 왼쪽
버튼 클릭

**16** 설치가 완료되면 [확인]을 클릭합니다.

**17** 익스플로러의 [닫기]-[모든 탭 닫기]를 클릭합니다.

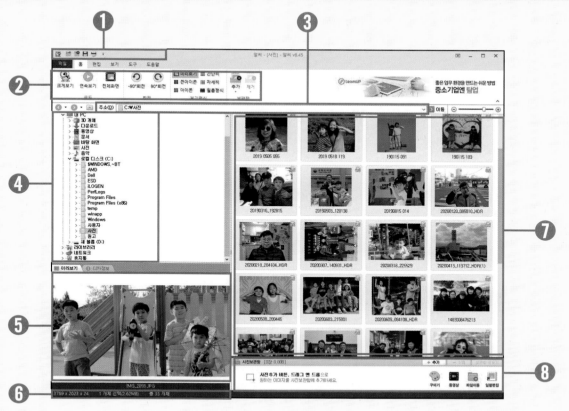

❶ **메뉴 바** : 알씨에서 사용 가능한 명령들을 메뉴 형식으로 모아 놓았습니다.

❷ **빠른 실행 도구 모음** : 자주 사용하는 기능들을 아이콘 형태로 모아 놓았습니다.

❸ **경로 창** : 현재 보고 있는 폴더가 어디인지 알려 줍니다.

❹ **폴더 목록** : 드라이브 전체의 폴더를 보여 줍니다.

❺ **미리보기** : 목록 창에서 선택한 파일을 크게 보여 줍니다.

❻ **상태 표시줄** : 현재 선택한 파일의 해상도, 크기 등을 알려 줍니다.

❼ **썸네일 창** : 선택한 폴더에 있는 그림을 작은 크기로 보여 줍니다.

❽ **일괄 작업 모음** : 알씨 꾸미기, 동영상 만들기 등의 작업을 한 번에 할 수 있습니다.

# 팁! 팝업 창이 나타난다면?

알씨를 처음 실행하면 오른쪽 하단에 작은 창이 나타나는 경우가 있습니다.
이 창을 감추려면 다음과 같이 합니다.

**01** [다시보지않기]를 클릭(☑)합니다.

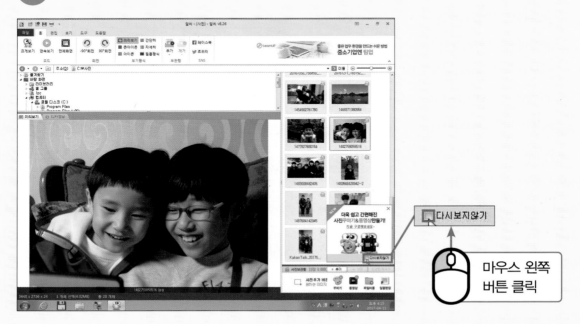

**02** [닫기(☒)]를 클릭합니다.

# Section 02

## 알씨 실행해서 그림 보기

설치된 알씨를 실행하여 그림을 보겠습니다.

**01** 알씨를 더블클릭합니다.

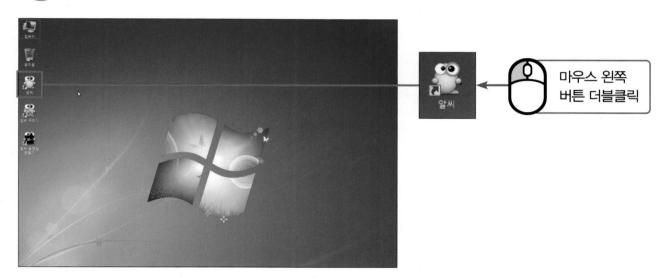

마우스 왼쪽
버튼 더블클릭

**02** 알씨가 실행되면 [최대화]를 클릭합니다.

마우스 왼쪽
버튼 클릭

**참고!**

창의 크기는 사용자의 컴퓨터마다 다르
게 나타날 수 있습니다.

**03** 그림을 볼 폴더가 있는 드라이브를 클릭합니다.

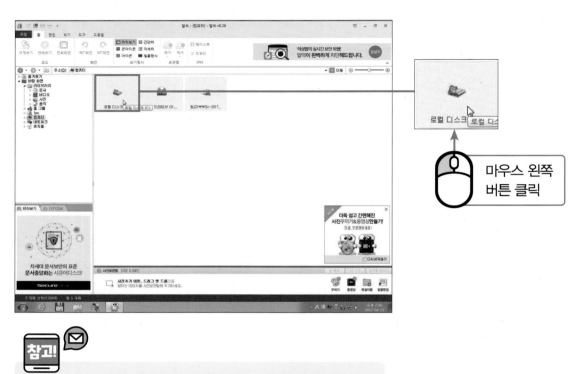

마우스 왼쪽
버튼 클릭

**참고!**

그림이 있는 드라이브는 사용자의 컴퓨터에 따라 다릅니다.

**04** 그림이 있는 폴더를 더블클릭합니다.

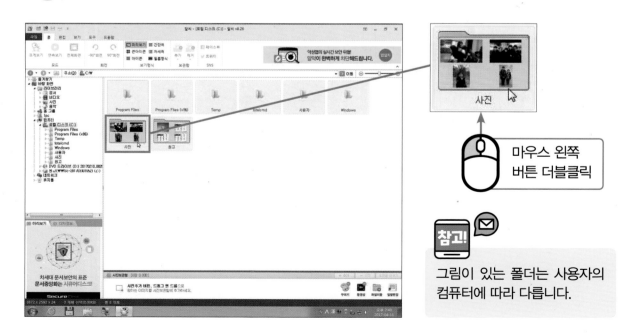

마우스 왼쪽
버튼 더블클릭

**참고!**

그림이 있는 폴더는 사용자의
컴퓨터에 따라 다릅니다.

**05** 그림이 있는 폴더가 열리면서 그림들이 작은 크기로 보입니다.

**06** 그림을 클릭하면 미리보기 창에 선택된 그림이 크게 나타납니다.

**①** 마우스 왼쪽 버튼 클릭

**②** 그림이 나타납니다.

# Section 03 미리보기 창 크기 조절하기

미리보기 창의 크기는 기본값이 작게 되어 있습니다. 미리보기 창의 크기를 크게 키워 보겠습니다.

**01** 경계선으로 마우스를 가져가면 마우스 커서의 모양이 ◀▮▶로 변하는데 클릭합니다.

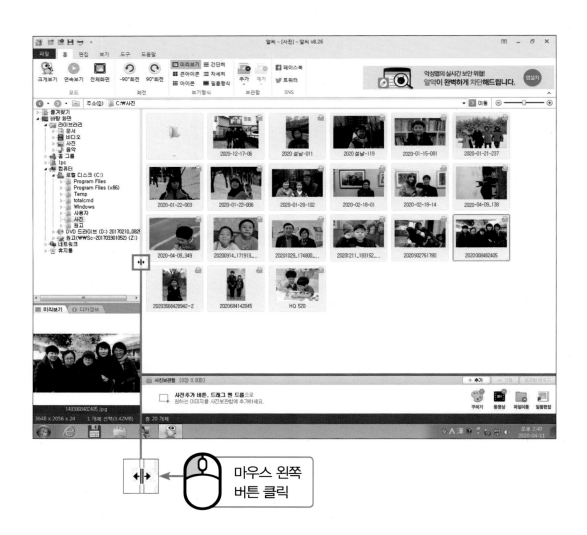

마우스 왼쪽 버튼 클릭

**02** 마우스 왼쪽 버튼을 클릭한 채 오른쪽으로 드래그합니다.

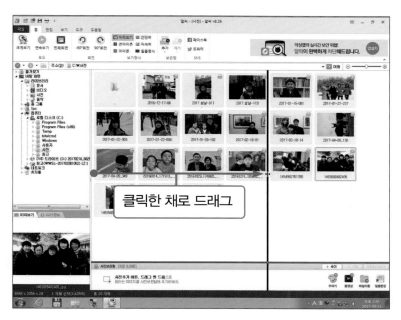

클릭한 채로 드래그

미리보기 창의 크기가 원하는 만큼 되게 드래그합니다.

**03** 마우스 버튼을 놓은 후 가로쪽 경계선으로 마우스를 이동하면 마우스 커서의
모양이 ⇕로 변할 때 클릭합니다.

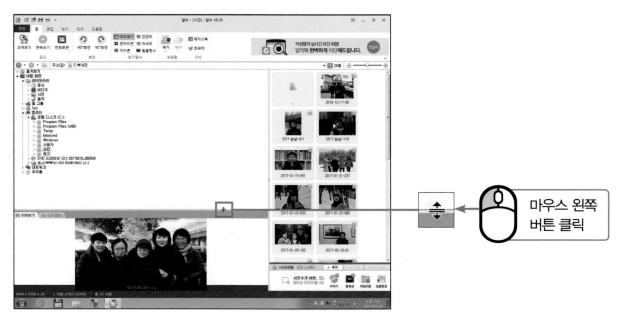

마우스 왼쪽
버튼 클릭

**04** 마우스 왼쪽 버튼을 클릭한 채 위쪽으로 드래그합니다.

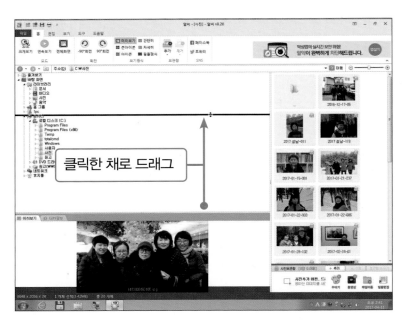

참고!

미리보기 창의 크기가 크게 되도록 할 것입니다.

**05** 마우스 버튼에서 손을 놓으면 미리보기 창의 크기가 정해집니다.

마우스 버튼에서 손을 놓습니다.

# Section 04 그림 크게 보기

그림을 모니터에 꽉 차게 볼 경우가 있습니다. 그림을 크게 보는
방법에 대해서 알아보겠습니다.

**01** 크게 볼 그림을 더블클릭합니다.

마우스 왼쪽
버튼 더블클릭

참고! 그림을 더블클릭하면 크게 보입니다.

**02** 그림이 크게 보이면 [전체화면]을 클릭합니다.

마우스 왼쪽
버튼 클릭

참고! 메뉴나 아이콘 등은 보입니다.

**03** 화면 전체에 그림이 보입니다. [다음 그림 보기(⬤)]를 클릭합니다.

마우스 왼쪽
버튼 클릭

참고!

[다음 그림 보기(⬤)]를 클릭할 때마다 다음 그림을 보여 줍니다.

**04** 다음 그림이 나타납니다. [원본크기]를 클릭합니다.

원본크기

마우스 왼쪽
버튼 클릭

**05** 그림이 원본 크기로 보입니다. 오른쪽 하단의 창 움직이기를 클릭한 채 이동합니다.

**①** 마우스 왼쪽 버튼 클릭

**②** 드래그

**③** 마우스 버튼에서 손을 놓습니다.

**06** 창이 이동하면 화면에서도 그림이 원본과 동일하게 이동합니다.

 참고!

[전체화면보기]를 종료하려면 Esc 키를 차례로 누릅니다.

# 그림 잘라내기

그림의 일부분을 잘라내서 저장해 보겠습니다.

**01** 그림을 클릭한 후 [전체화면]을 클릭합니다.

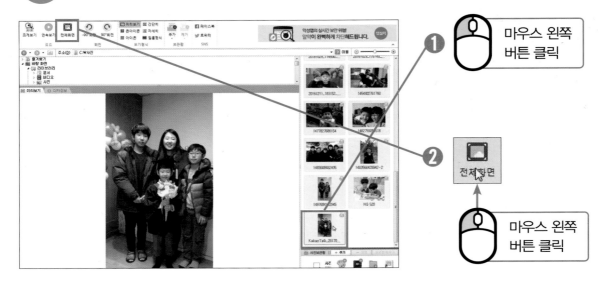

❶ 마우스 왼쪽
버튼 클릭

❷
전체화면

마우스 왼쪽
버튼 클릭

**02** 마우스 커서의 모양이 +로 변하면 그림을 잘라낼 부분 중 시작점을 클릭합니다.

마우스 왼쪽
버튼 클릭

마우스 왼쪽 버튼을 클릭한 채로 잘라낼 만큼을 드래그합니다.

클릭한 채로 드래그

 마우스 버튼에서 손을 놓으면 명령 아이콘이 나타나는데 [원본 크기로 저장]을
클릭합니다.

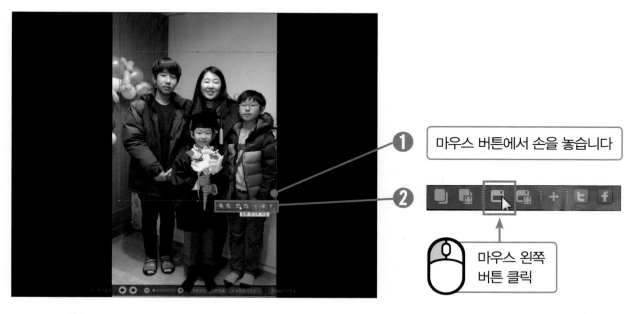

① 마우스 버튼에서 손을 놓습니다

② 마우스 왼쪽
버튼 클릭

잘라낸 만큼을 원본 크기로 저장할 것입니다.

**05** 저장 대화상자가 나타납니다.

[파일 이름] 입력란은 블록으로 설정되어 있습니다.


**06** 파일 이름을 입력한 후 [저장]을 클릭합니다.

파일 이름 입력

❶ 파일 이름(N): 가족사진

❷ 저장(S)

마우스 왼쪽
버튼 클릭

참고!

그림이 저장되는 폴더는 [사진] 폴더
입니다.

**07** [저장 품질]의 슬라이드 바를 클릭합니다.

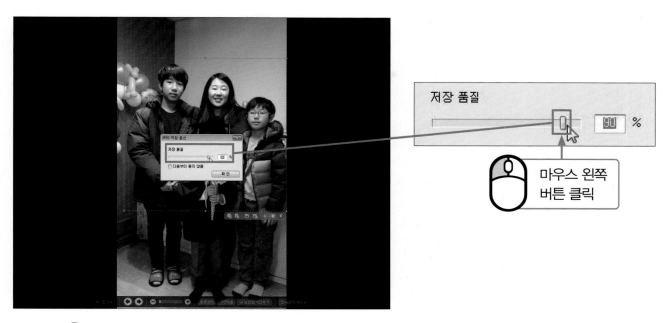

숫자 입력란을 클릭해서 '100'을 입력해도 됩니다.

**08** 슬라이드 바를 오른쪽으로 드래그하여 100%로 만든 후 [확인]을 클릭합니다.

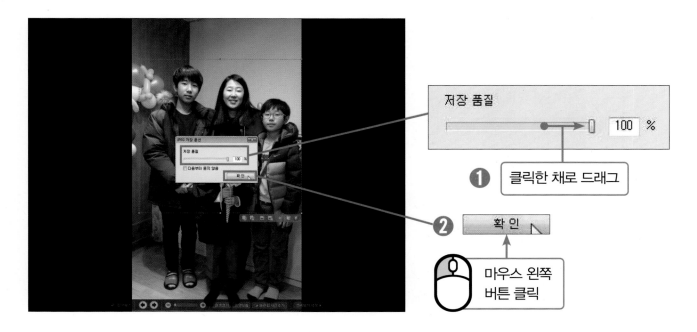

[Esc] 키를 두 번 누릅니다.

**10** [바탕 화면]의 ▷를 클릭한 후 [라이브러리]의 ▷를 클릭하고 [사진] 폴더를 클릭합니다.

① ◢ 🖥 **바탕 화면**

마우스 왼쪽
버튼 클릭

② ◢ 📁 **라이브러리**

마우스 왼쪽
버튼 클릭

③ ▷ 🖼 **사진**

마우스 왼쪽
버튼 클릭

**참고!** 📧

잘라서 저장한 그림이 [사진] 폴더에 저장되어 있습니다.

사진 폴더에 저장된 그림을 더블클릭합니다.

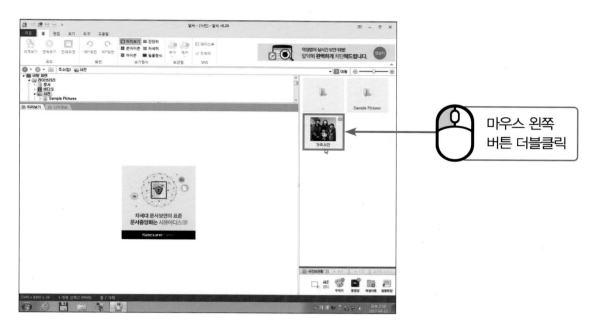

마우스 왼쪽
버튼 더블클릭

12 잘라서 저장한 그림이 보입니다.

# Section 06 원본 그림 회전하기

미리보기는 세로로 보이지만 원본은 가로로 되어 있는 경우가 있습니다. 원본 그림을 세로로 회전해 보겠습니다.

**01** 회전할 그림을 클릭한 후 회전시킬 방향을 클릭합니다.

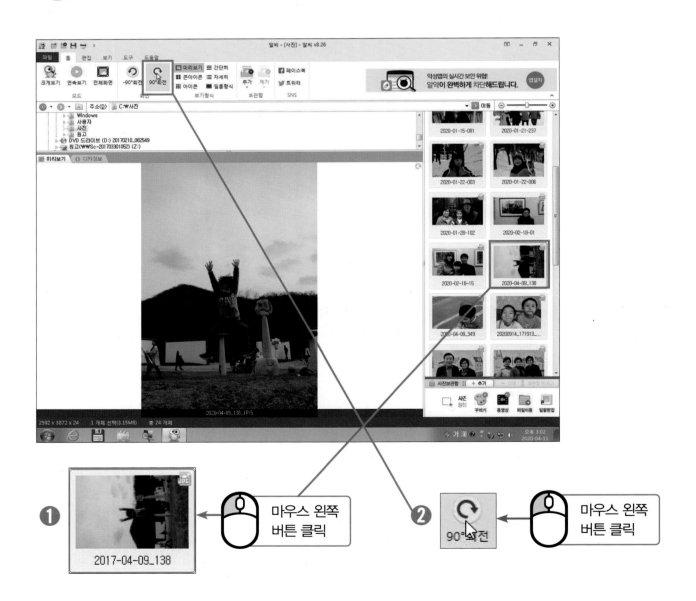

① 마우스 왼쪽 버튼 클릭

2017-04-09_138

② 90°회전 마우스 왼쪽 버튼 클릭

[자동 회전] 대화상자가 나타나면 [닫기]를 클릭합니다.

닫기(C)

마우스 왼쪽
버튼 클릭

참고!

회전하기 전의 그림은 [원본] 폴더에 저장됩니다.

 원본 그림이 세로로 회전됩니다.

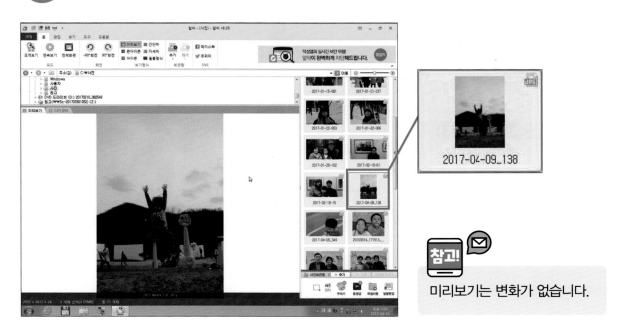

2017-04-09_138

참고!

미리보기는 변화가 없습니다.

Section

07

# 바탕 화면으로 그림 지정하기

알씨에서 보는 그림 중에서 한 개를 내 컴퓨터의 바탕 화면으로 사용해 보겠습니다.

**01** 바탕 화면으로 사용할 그림을 클릭합니다.

마우스 왼쪽
버튼 클릭

 참고!

바탕 화면으로 사용할 그림이 있는 폴더는 사용자의 컴퓨터에서 사용할 그림이 있는 폴더를 선택하면 됩니다.

**02** 마우스 오른쪽 버튼을 클릭한 후 [바탕화면 지정]을 클릭한 후 [가운데]를 클릭하고 [바탕 화면 보기]를 클릭합니다.

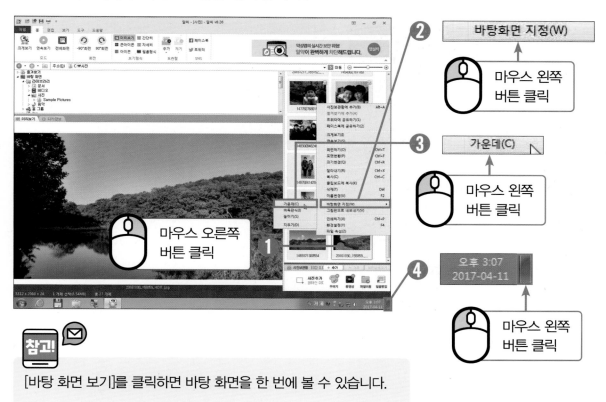

**참고!** 📧

[바탕 화면 보기]를 클릭하면 바탕 화면을 한 번에 볼 수 있습니다.

**03** 지정한 그림이 바탕 화면으로 바뀌었습니다.

바탕 화면의 옵션에 따라서 그림의 크기가 달라집니다.

❶ **가운데** : 그림을 바탕 화면의 가운데로 보냅니다. 그림에 따라서는 위, 아래가 잘려서 보일 수 있습니다.

❷ **바둑판** : 그림을 바둑판처럼 여러 개로 보여 줍니다.

❸ **늘이기** : 그림을 바탕 화면의 크기에 맞게 늘려서 보여 줍니다. 그림의 모양이 늘어질 수 있습니다.

# 제 10장

# 그림
# 꾸미기

그림을 보는 알씨와 별도로 그림에 글자를 넣거나
다양한 모양의 스티커 등을 붙일 수 있는 기능이 있습니다.

# Section 01

## 그림을 꾸미기에 추가하고 자르기

알씨에서 그림을 선택하여 꾸미기에 추가한 후 필요한 부분만 잘라내 보겠습니다.

**01** 꾸미기할 그림을 클릭합니다.

마우스 왼쪽 버튼 클릭

**참고!**

그림이 있는 드라이브는 사용자의 컴퓨터에 따라 다릅니다.

**02** 그림을 클릭한 채 [사진 추가]로 드래그한 후 마우스 버튼을 놓습니다.

❶ 클릭한 채로 드래그

❷ 마우스 버튼에서 손을 놓습니다.

**03** [꾸미기]를 클릭한 후 팝업 창이 나타나면 ⊠를 클릭합니다.

마우스 왼쪽
버튼 클릭

마우스 왼쪽
버튼 클릭

**04** [화면 크기에 맞춰서 보기]를 클릭합니다.

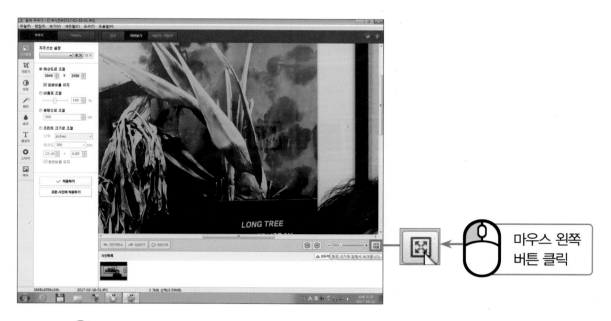

마우스 왼쪽
버튼 클릭

처음에는 그림이 원본 크기로 보이기 때문에 화면 크기로 줄여야 합니다.

**05** [자르기]를 클릭한 후 자르기 사각형의 모서리를 클릭합니다.

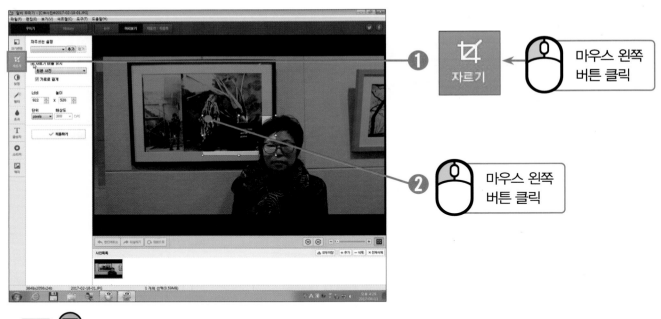

참고!

밝은 색 사각형이 사용될 사진의 크기입니다.

**06** 마우스 왼쪽 버튼을 클릭한 채 상단 좌측으로 드래그하여 잘라낼 그림의
크기가 되도록 한 후 마우스 버튼을 놓습니다.

**07** 하단 우측을 클릭한 채 드래그하여 잘라낼 크기가 되게 합니다. 마우스 버튼에서 손을 놓은 후 [적용하기]를 클릭합니다.

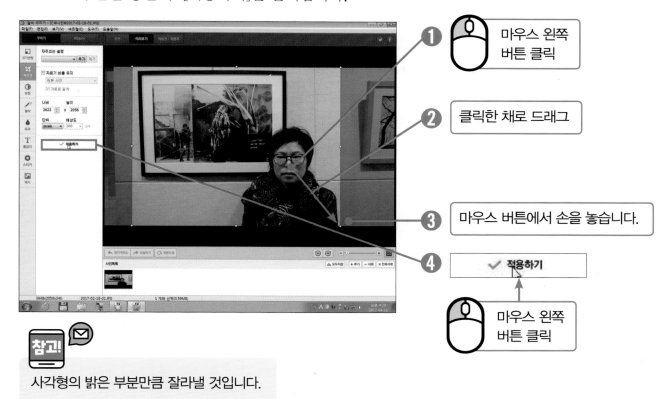

①　마우스 왼쪽 버튼 클릭

②　클릭한 채로 드래그

③　마우스 버튼에서 손을 놓습니다.

④　✓ 적용하기

마우스 왼쪽 버튼 클릭

참고!

사각형의 밝은 부분만큼 잘라낼 것입니다.

**08** 선택한 크기만큼 그림이 잘라집니다.

# 밝기 조절하고 보정하기

사진을 밝게 조정하고 보정해 보겠습니다.

**01** [보정]을 클릭한 후 [밝기]의 슬라이드를 클릭합니다.

마우스 왼쪽
버튼 클릭

마우스 왼쪽
버튼 클릭

**02** 슬라이드를 클릭한 채 오른쪽으로 약간 이동한 후 마우스 버튼에서 손을 놓습니다.

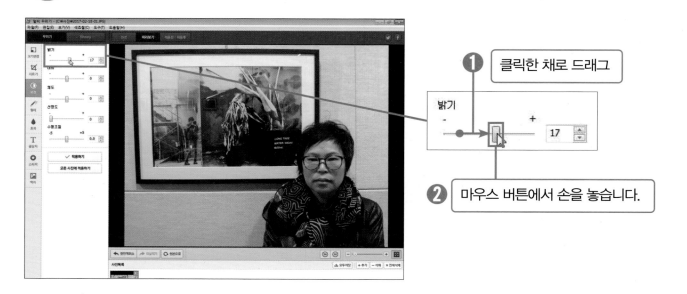

❶ 클릭한 채로 드래그

❷ 마우스 버튼에서 손을 놓습니다.

**03** [적용하기]를 클릭합니다.

✓ 적용하기

마우스 왼쪽
버튼 클릭

**04** [필터]를 클릭한 후 그림에 적용할 필터를 클릭한 후 [적용하기]를 클릭합니다.

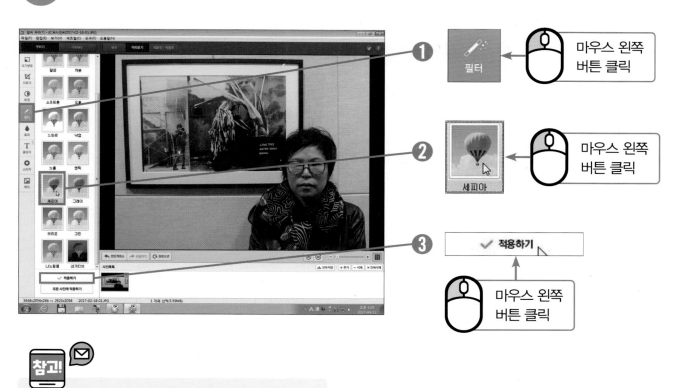

① 필터

마우스 왼쪽
버튼 클릭

② 세피아

마우스 왼쪽
버튼 클릭

③ ✓ 적용하기

마우스 왼쪽
버튼 클릭

참고!

필터는 자신이 보기에 좋은 것을 선택하면 됩니다.

# Section 03
## 텍스트 입력하기

사진에 텍스트를 입력해 보겠습니다.

**01** [글상자]를 클릭한 후 글꼴을 클릭하여 사용하고 싶은 글꼴을 클릭합니다.

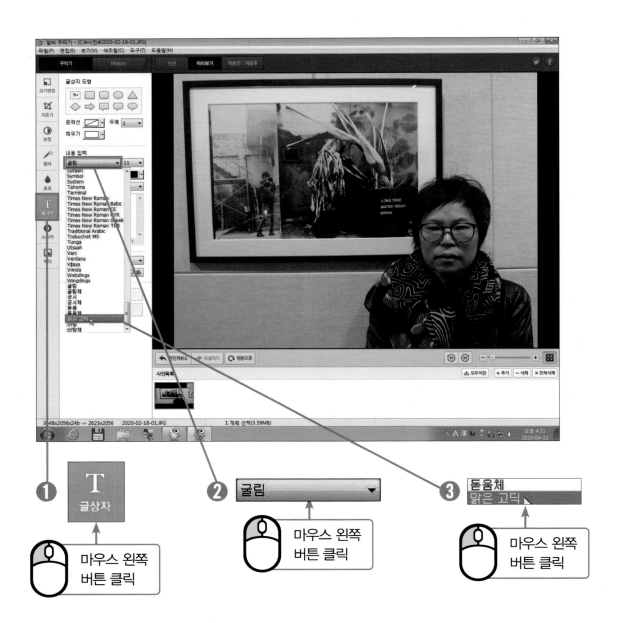

**①** ⊤ 글상자
마우스 왼쪽 버튼 클릭

**②** 굴림
마우스 왼쪽 버튼 클릭

**③** 돋움체 / 맑은 고딕
마우스 왼쪽 버튼 클릭

**02** 글꼴 크기를 클릭한 후 원하는 글꼴 크기를 클릭합니다.

① 마우스 왼쪽 버튼 클릭

② 마우스 왼쪽 버튼 클릭

**03** 내용 입력란을 클릭하고 내용을 입력한 후 [적용하기]를 클릭합니다.

① 마우스 왼쪽 버튼 클릭

② 내용 입력

③ 마우스 왼쪽 버튼 클릭

**04** 입력한 글상자가 나타나면 글상자를 클릭한 후 드래그하여 원하는 위치로 이동한 후 마우스 버튼에서 손을 놓습니다.

**05** 입력한 글상자가 그림에 나타나면 경계선으로 커서를 이동합니다. 커서의 모양이 ↔로 변하면 클릭한 채 오른쪽으로 드래그한 후 마우스 버튼에서 손을 놓습니다.

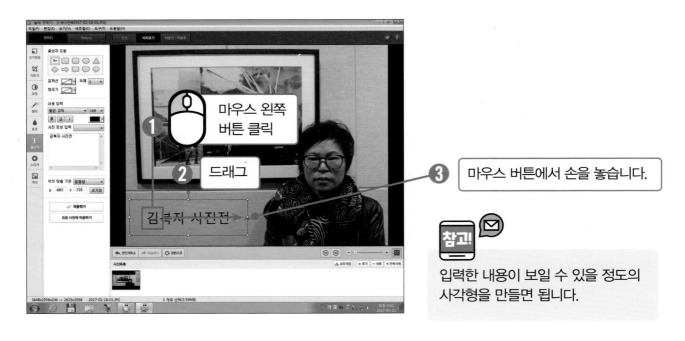

참고!
입력한 내용이 보일 수 있을 정도의 사각형을 만들면 됩니다.

**06** 글상자가 적당한 크기가 되었으면 [적용하기]를 클릭합니다.

마우스 왼쪽
버튼 클릭

**07** 글상자가 그림에 고정됩니다.

# Section 04

# 스티커 다운로드받아 꾸미고 저장하기

그림을 꾸미기 위해 스티커를 다운로드받은 후 저장해 보겠습니다.

**01** [스티커]를 클릭한 후 [모두저장]을 클릭하고 [확인]을 클릭하여 저장합니다.

**02** [스티커 다운받기]를 클릭합니다.

**03** 사진에 넣을 스티커를 클릭합니다.

① 마우스 왼쪽
버튼 클릭

② 마우스 왼쪽
버튼 클릭

스티커 모양은 사용자가 마음에 드는 것을 넣으면 됩니다.

**04** 스티커를 드래그하여 원하는 위치로 이동합니다. 스티커의 경계로 마우스를 가
져가면 마우스 커서의 모양이 ↖ 로 변할 때 클릭합니다.

① 클릭한 채로 드래그

② 마우스 왼쪽
버튼 클릭

**05** 마우스 버튼을 클릭한 채 드래그하여 원하는 크기가 되면 마우스 버튼에서 손
을 놓습니다.

**①** 클릭한 채로 드래그

**②** 마우스 버튼에서 손을 놓습니다.

**06** 그림에 넣을 다른 스티커를 클릭합니다.

마우스 왼쪽
버튼 클릭

**07** 스티커를 클릭한 후 드래그하여 원하는 위치로 이동한 후 마우스 버튼에서 손을 놓습니다.

① 클릭한 채로 드래그

② 마우스 버튼에서 손을 놓습니다.

**08** [모두저장]을 클릭한 후 [예]를 클릭합니다.

① 모두저장

마우스 왼쪽
버튼 클릭

② 예

마우스 왼쪽
버튼 클릭

참고!

지금까지 작업한 내용을 저장할 것입니다.

**09** [확인]을 클릭합니다.

확인

마우스 왼쪽
버튼 클릭

**10** 파일 저장이 완료되었다는 메시지가 나타나면 [확인]을 클릭합니다.

확인

마우스 왼쪽
버튼 클릭

# Section
# 05
# 액자로 테두리 꾸미기

사진의 테두리를 액자로 꾸며 보겠습니다.

**01** [액자]를 클릭한 후 [액자 다운받기]를 클릭합니다.

① 🖼 액자 — 마우스 왼쪽 버튼 클릭

② ⬇ 액자 다운받기 — 마우스 왼쪽 버튼 클릭

제 10장 그림 꾸미기 / 179

## 02 사진에 적용할 액자를 클릭한 후 [모두저장]을 클릭합니다.

마우스 왼쪽 버튼 클릭

② 🔽 모두저장

마우스 왼쪽 버튼 클릭

## 03 [확인]을 클릭합니다.

확인

마우스 왼쪽 버튼 클릭

파일을 덮어 쓰겠느냐는 대화상자가 나타나면 [예]를 클릭합니다.

예(Y)

마우스 왼쪽
버튼 클릭

참고!

최종 작업의 결과물을 저장할 것입니다.

 [확인]을 클릭한 후 [닫기]를 클릭합니다.

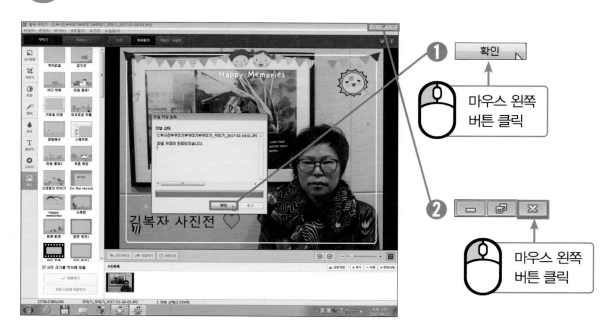

1 확인

마우스 왼쪽
버튼 클릭

2

마우스 왼쪽
버튼 클릭

# 그림 확인하기

Section 06

최종 결과물을 확인해 보겠습니다.

**01** [꾸미기] 폴더를 더블클릭합니다.

마우스 왼쪽
버튼 더블클릭

**02** [꾸미기] 폴더를 더블클릭합니다.

마우스 왼쪽
버튼 더블클릭

꾸미기에서 저장한 파일은 [꾸미기] 폴더에 저장됩니다.

**03** 결과물을 더블클릭합니다.

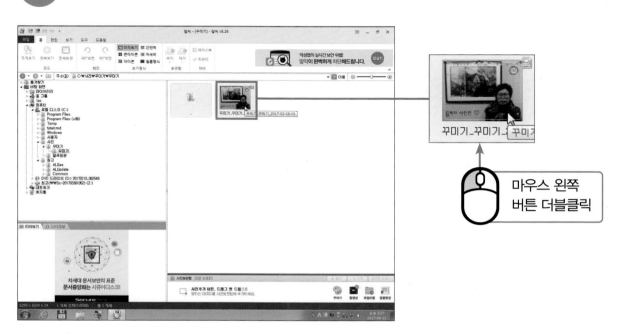

마우스 왼쪽
버튼 더블클릭

**04** [전체화면]을 클릭합니다.

마우스 왼쪽
버튼 클릭

**05** 최종 결과물이 보입니다.

# 제 11장

# 동영상
# 만들기

알씨에서 여러 장의 사진을 이용하여 동영상을 만들어 보겠습니다.

# Section 01

## 사진 선택하기

동영상을 만들 사진을 선택해 보겠습니다. 동영상을 만들 때
사용되는 사진은 사용자가 준비해야 합니다.

**01** Ctrl 키를 누른 채 동영상을 만들 사진을 여러 장 클릭합니다.

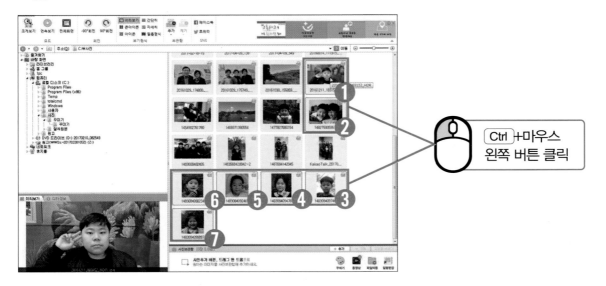

Ctrl +마우스
왼쪽 버튼 클릭

**02** 사진을 드래그하여 사진 보관함으로 드래그합니다.

클릭한 채로 드래그

**03** [동영상]을 클릭합니다.

마우스 왼쪽
버튼 클릭

**04** [닫기]를 클릭합니다.

마우스 왼쪽
버튼 클릭

**05** 사진 1장당 재생시간의 ▼를 클릭하여 시간을 조절합니다.

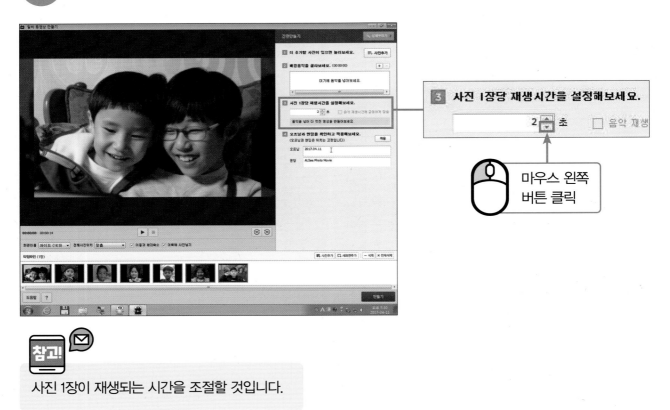

**참고!** 사진 1장이 재생되는 시간을 조절할 것입니다.

**06** 오프닝과 엔딩을 입력하기 위해 [오프닝]을 클릭합니다.

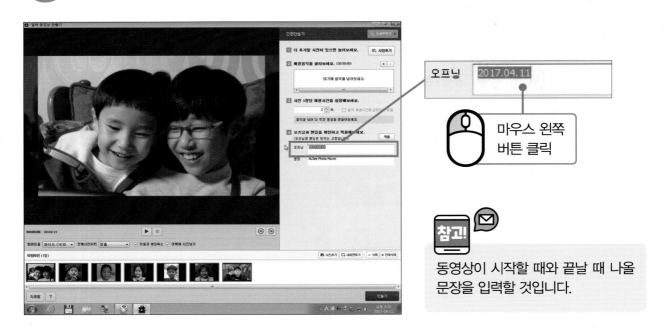

**참고!** 동영상이 시작할 때와 끝날 때 나올 문장을 입력할 것입니다.

**07** 오프닝 시 나올 내용을 입력한 후 [엔딩]을 클릭하여 블록으로 설정합니다.

**08** [엔딩]의 내용을 입력한 후 [적용]을 클릭합니다.

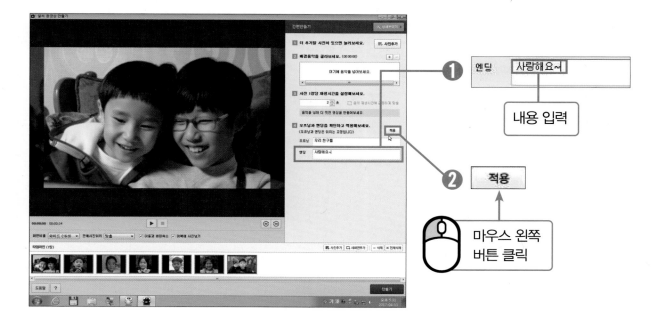

**09** [만들기]를 클릭합니다.

**10** [파일 이름] 입력란을 클릭하여 블록으로 설정합니다.

**11** 제목을 입력한 후 [품질]을 클릭한 후 [고품질]을 선택합니다.

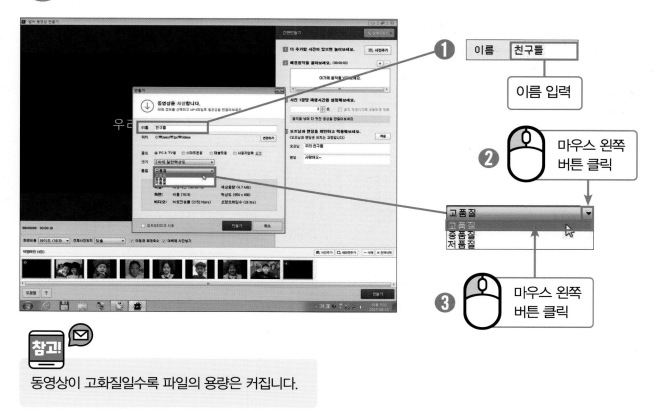

이름 입력

마우스 왼쪽
버튼 클릭

마우스 왼쪽
버튼 클릭

참고!

동영상이 고화질일수록 파일의 용량은 커집니다.

**12** [만들기]를 클릭합니다.

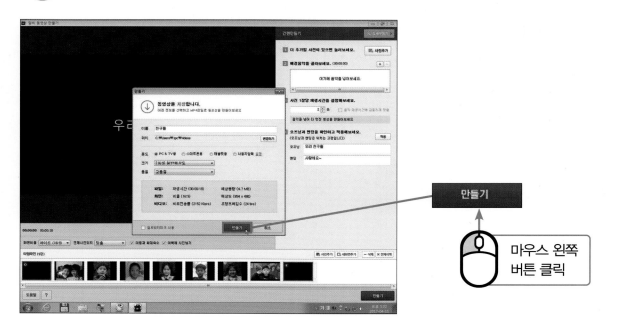

만들기

마우스 왼쪽
버튼 클릭

**13** 동영상이 만들어지면 [닫기]를 클릭합니다.

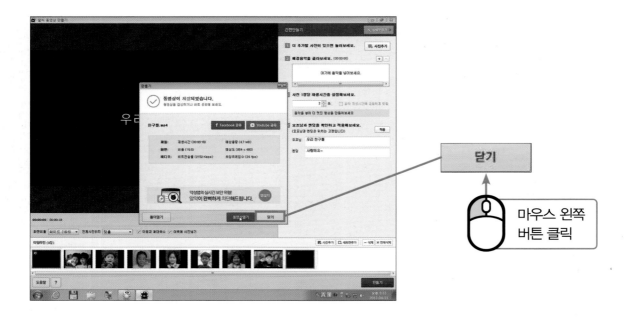

**14** [닫기]를 클릭하면 종료하겠냐는 대화상자가 나타나는데 [예]를 클릭합니다.

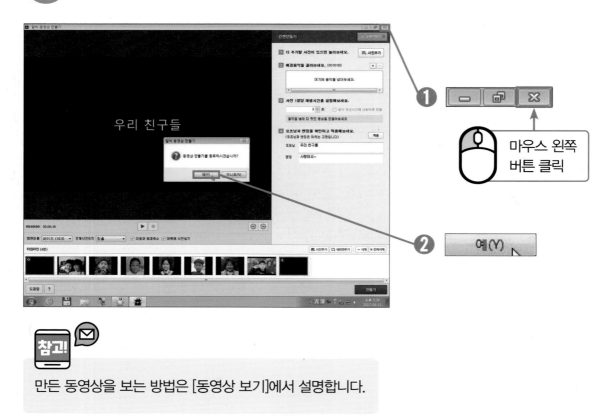

**참고!**

만든 동영상을 보는 방법은 [동영상 보기]에서 설명합니다.

# 제 12장

## 동영상 보기

동영상을 보는 프로그램인 KM플레이어를 다운로드받아 설치해 보고
동영상을 보도록 하겠습니다.

# Section 01

## 프로그램 검색해서 설치하기

동영상 프로그램을 인터넷에서 검색해서 설치해 보겠습니다.

**01** 인터넷 익스플로러를 클릭합니다.

마우스 왼쪽
버튼 클릭

**02** 검색어 입력란을 클릭합니다.

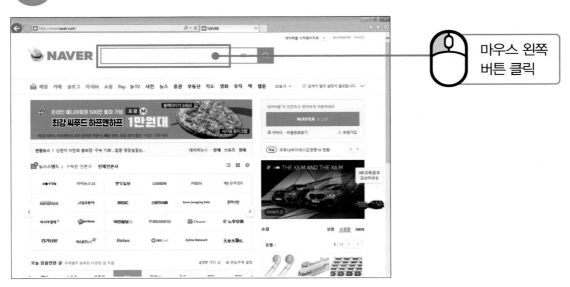

마우스 왼쪽
버튼 클릭

**03** '동영상 플'이라고 입력한 후 '동영상 플레이어'를 클릭합니다.

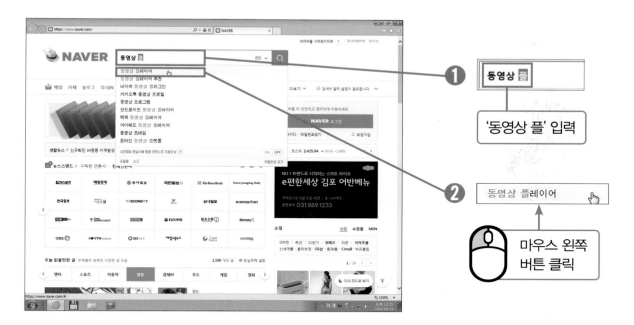

① 동영상 플

'동영상 플' 입력

② 동영상 플레이어

마우스 왼쪽
버튼 클릭

**04** 검색 결과가 나타나면 [KM플레이어]를 클릭합니다.

KMPlayer

KM플레이어(KMPl...
한글/영어 ┃ 프리웨어
Windows ┃ 36MB

다운로드   스페셜리뷰

마우스 왼쪽
버튼 클릭

**05** [무료 다운로드]를 클릭합니다.

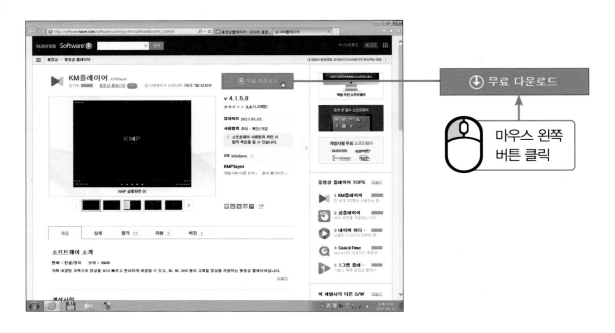

**06** [확인 후 다운로드]를 클릭합니다.

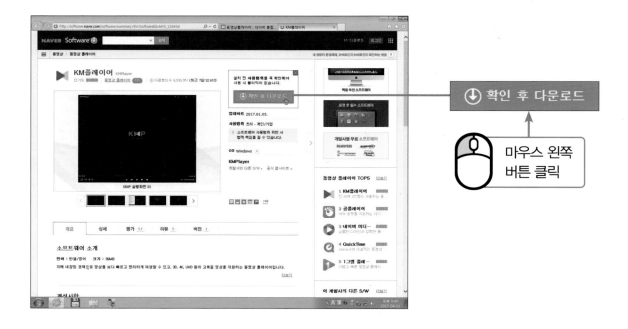

**07** [다운로드]를 클릭합니다.

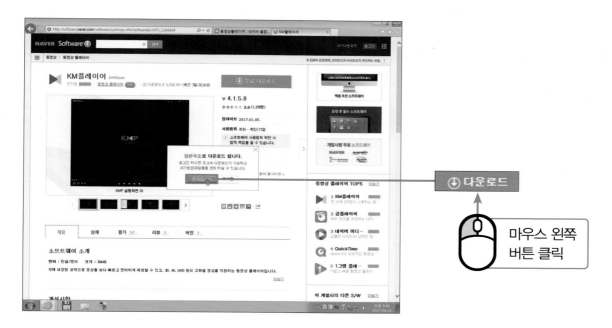

**08** [다운로드]를 클릭합니다.

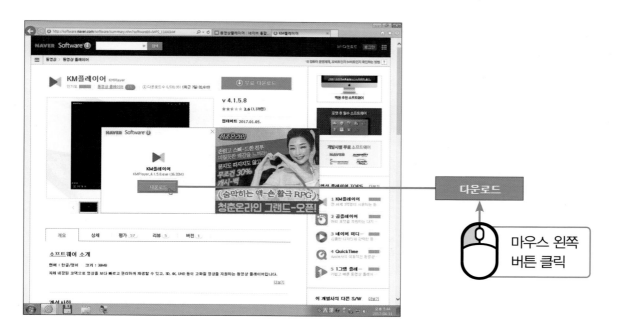

**09** [실행]을 클릭합니다.

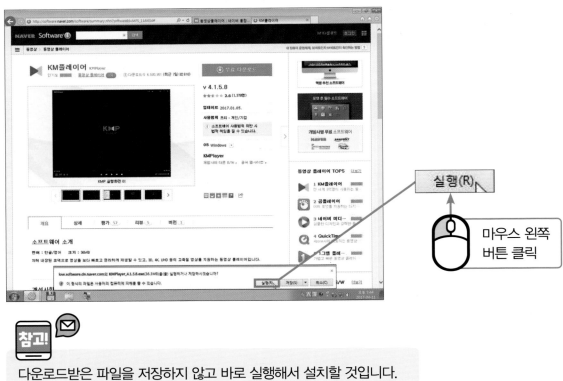

실행(R)

마우스 왼쪽
버튼 클릭

참고!

다운로드받은 파일을 저장하지 않고 바로 실행해서 설치할 것입니다.

**10** 설치 시작을 위해 [OK]를 클릭합니다.

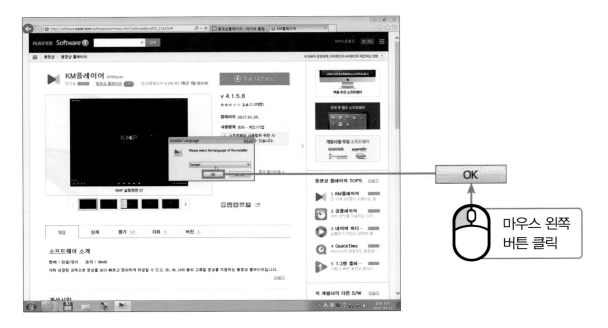

OK

마우스 왼쪽
버튼 클릭

**11** [다음]을 클릭합니다.

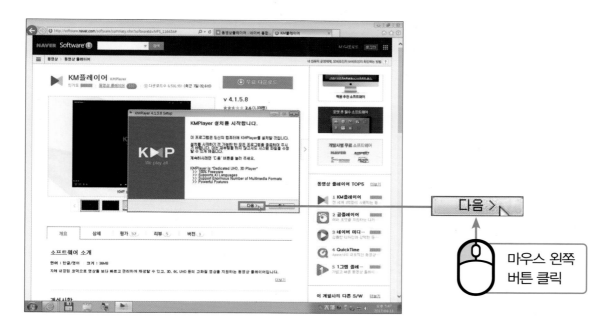

마우스 왼쪽
버튼 클릭

**12** [동의함]을 클릭합니다.

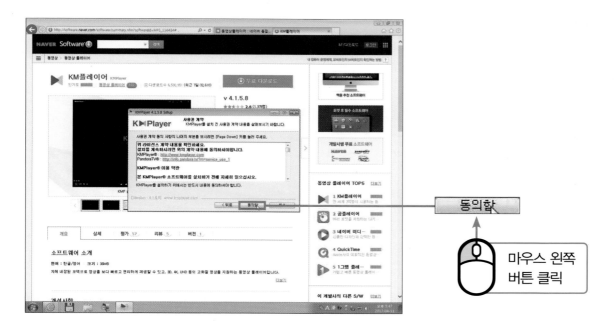

마우스 왼쪽
버튼 클릭

**13** [권장설치]의 ▼를 클릭한 후 [실행파일만]을 클릭한 후 [다음]을 클릭합니다.

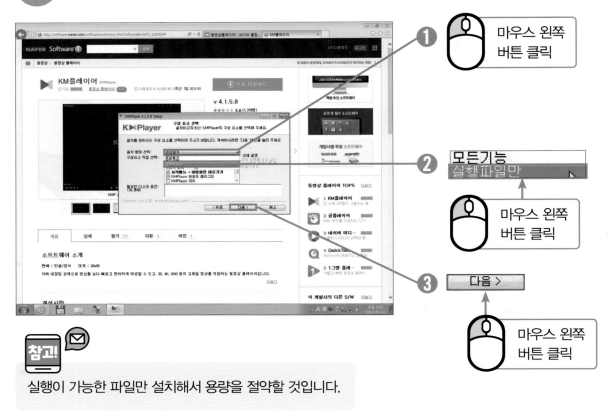

① 마우스 왼쪽 버튼 클릭

② 마우스 왼쪽 버튼 클릭

모든기능
실행파일만

다음 >

③ 마우스 왼쪽 버튼 클릭

참고!

실행이 가능한 파일만 설치해서 용량을 절약할 것입니다.

**14** [설치]를 클릭합니다.

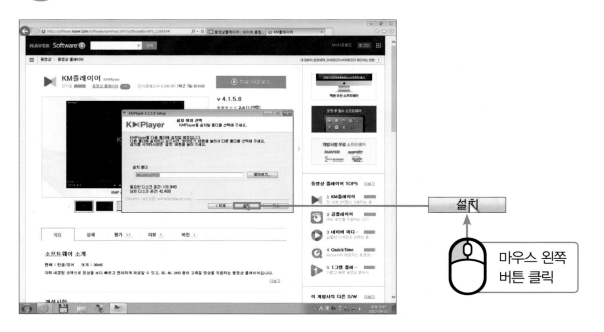

설치

마우스 왼쪽 버튼 클릭

**15** 설치가 끝나면 [마침]을 클릭합니다.

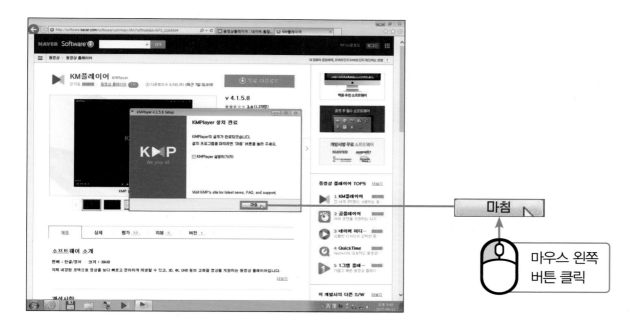

마우스 왼쪽
버튼 클릭

마침

**16** [닫기]를 클릭한 후 [모든 탭 닫기]를 클릭합니다.

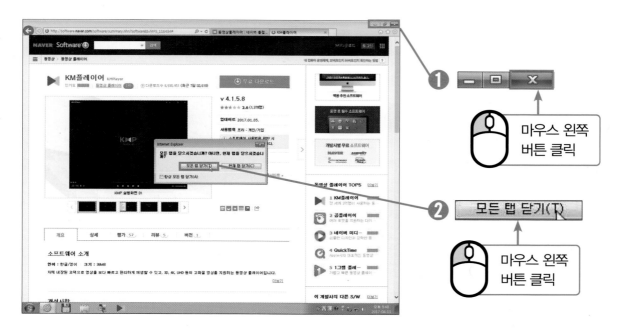

**1**

마우스 왼쪽
버튼 클릭

**2** 모든 탭 닫기(T)

마우스 왼쪽
버튼 클릭

# Section 02

## 동영상 보는
## 프로그램 실행하기

설치가 끝났으면 동영상 보는 프로그램을 실행해 보겠습니다.

**01** KM플레이어를 더블클릭합니다.

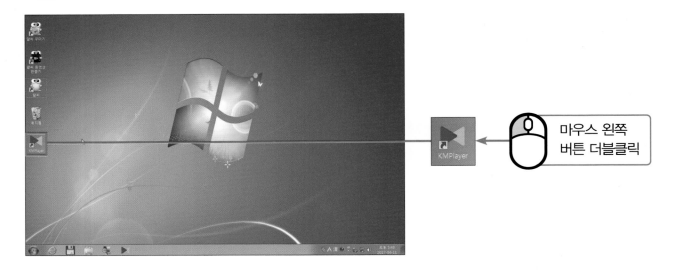

마우스 왼쪽
버튼 더블클릭

**02** 마우스 오른쪽 버튼을 클릭하여 [파일 열기]를 클릭합니다.

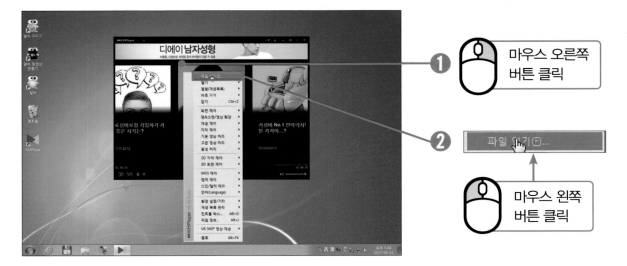

❶ 마우스 오른쪽
버튼 클릭

❷ 파일 열기(F)...

마우스 왼쪽
버튼 클릭

**03** [라이브러리]를 클릭합니다.

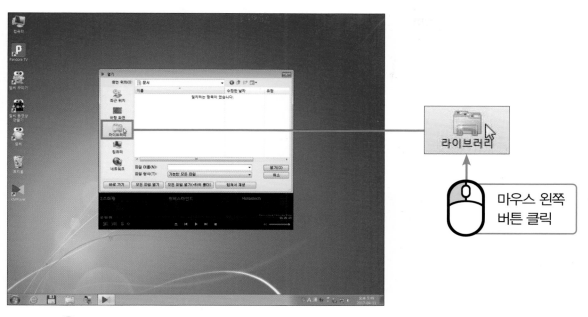

마우스 왼쪽
버튼 클릭

알씨 [동영상 만들기]에서 만든 동영상을 열어서 볼 것입니다.

**04** [비디오]를 더블클릭합니다.

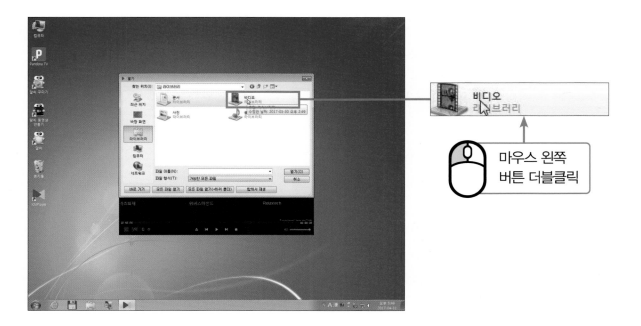

비디오
라이브러리

마우스 왼쪽
버튼 더블클릭

**05** 불러들일 동영상을 더블클릭합니다.

마우스 왼쪽
버튼 더블클릭

친구들

동영상 플레이어에서 지원되는 동영상은 더블클릭만으로 바로 볼 수 있습니다.

**06** 동영상이 실행됩니다.

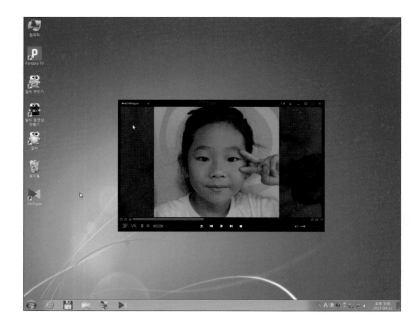

# 제 13장

# 프로그램
# 삭제하기

사용자가 설치한 파일 중에서 삭제를 해야 하는 경우가 있습니다.
설치한 프로그램을 삭제하는 방법에 대해서 알아보겠습니다.

# Section 01

# 프로그램 삭제하기

프로그램의 삭제는 불필요한 파일만 삭제해야 합니다. 여기서는
예를 들어서 KM 플레이어를 삭제할 것입니다.

**01** [시작]을 클릭한 후 [제어판]을 클릭합니다.

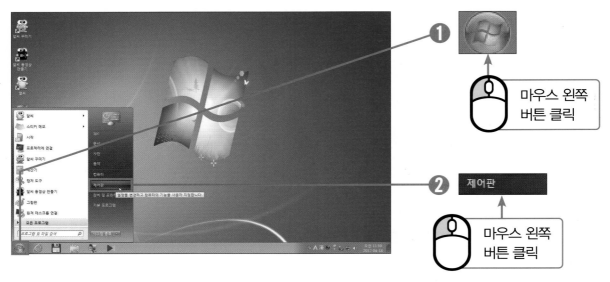

**①** 마우스 왼쪽 버튼 클릭

**②** 제어판

마우스 왼쪽 버튼 클릭

**02** [프로그램 제거]를 클릭합니다.

프로그램
프로그램 제거

마우스 왼쪽 버튼 클릭

**03** 창의 [최대화]를 클릭해서 창을 크게 키운 후 삭제할 프로그램을 더블클릭하고 [제거]를 클릭합니다.

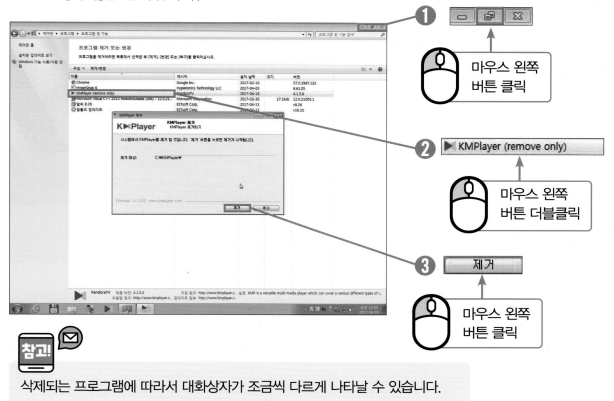

**마우스 왼쪽 버튼 클릭**

**2** ► KMPlayer (remove only)

**마우스 왼쪽 버튼 더블클릭**

**3** 제거

**마우스 왼쪽 버튼 클릭**

**참고!** 삭제되는 프로그램에 따라서 대화상자가 조금씩 다르게 나타날 수 있습니다.

**04** 제거하겠느냐는 메시지가 나타나면 [예]를 클릭합니다.

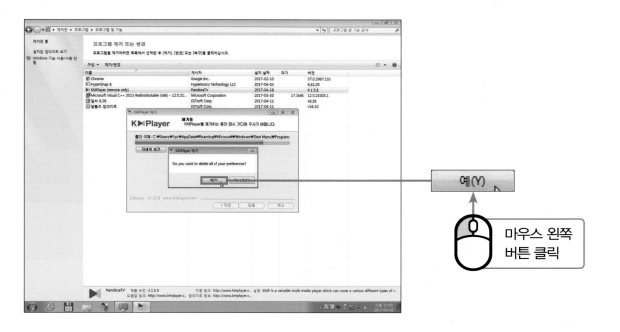

예(Y)

**마우스 왼쪽 버튼 클릭**

프로그램이 삭제되면 [닫음]을 클릭합니다.

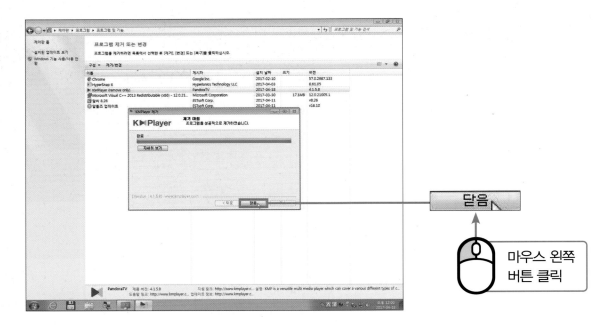

닫음

마우스 왼쪽
버튼 클릭

**06** 프로그램이 삭제되었습니다.

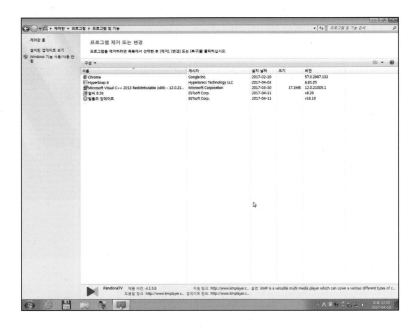

# 제 14장

# 압축 풀기

여러 개의 파일을 메일로 보낼 때 한꺼번에 보내려면 압축을 해야 합니다. 압축을 할 때 사용하는 압축 프로그램을 다운로드받아 파일을 압축해 보고, 압축된 파일의 압축을 풀어 보겠습니다.

# Section 01

# 압축 프로그램 검색해서 다운로드받아 설치하기

인터넷으로 압축 프로그램을 검색해서 다운로드받아 설치해 보겠습니다.

**01** [인터넷 익스플로러]를 클릭합니다.

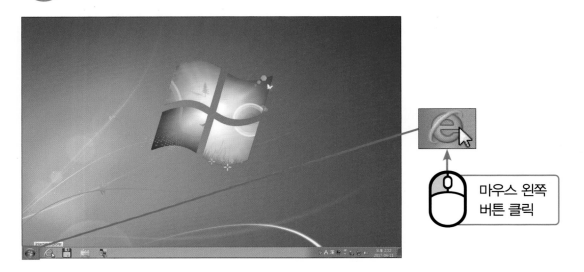

마우스 왼쪽
버튼 클릭

**02** 검색어 입력란을 클릭한 후 '알집'이라고 입력한 후 '알집다운로드'를 클릭합니다.

❶ 마우스 왼쪽
버튼 클릭

알집

❷ '알집' 입력

❸ 알집다운로드

마우스 왼쪽
버튼 클릭

**03** [알집(Alzip)]을 클릭합니다.

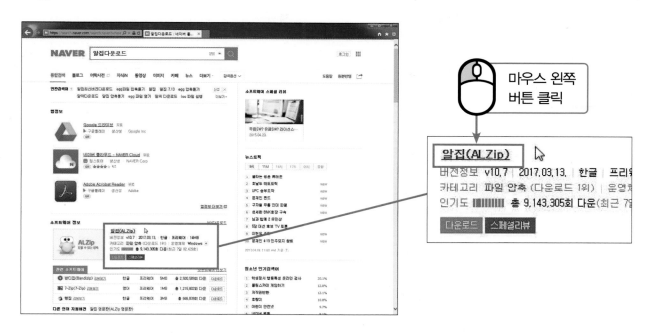

마우스 왼쪽
버튼 클릭

**04** [무료 다운로드]를 클릭합니다.

무료 다운로드

마우스 왼쪽
버튼 클릭

**05** [확인 후 다운로드]를 클릭합니다.

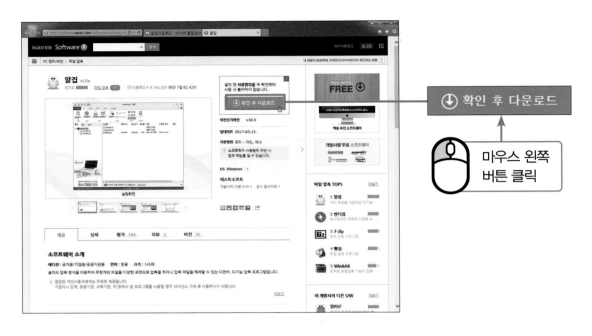

**06** [무료 다운로드]를 클릭한 후 [다운로드]를 클릭합니다.

 [다운로드]를 클릭합니다.

다운로드

마우스 왼쪽
버튼 클릭

 [실행]을 클릭합니다.

실행(R)

마우스 왼쪽
버튼 클릭

참고!

컴퓨터에 저장하지 않고 바로 설치를
실행할 것입니다.

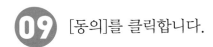 **09** [동의]를 클릭합니다.

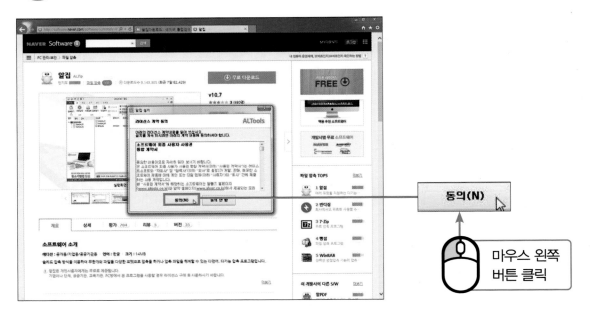

마우스 왼쪽
버튼 클릭

**10** [스윙브라우저 추가 설치]와 [알툴바 추가 설치]를 클릭(☑)하여 해제한 후 [설치 시작]을 클릭합니다.

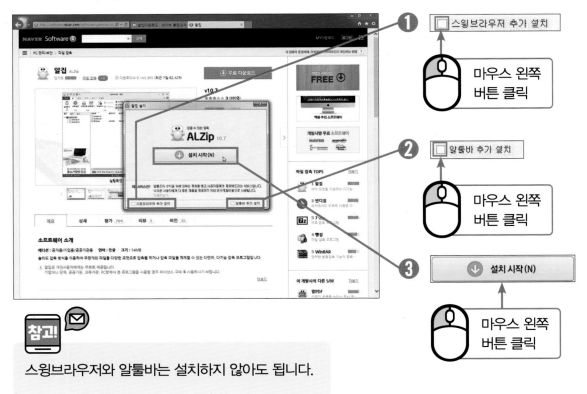

❶ ☐ 스윙브라우저 추가 설치

마우스 왼쪽
버튼 클릭

❷ ☐ 알툴바 추가 설치

마우스 왼쪽
버튼 클릭

❸ ⬇ 설치 시작(N)

마우스 왼쪽
버튼 클릭

**참고!** 💬

스윙브라우저와 알툴바는 설치하지 않아도 됩니다.

**11** [쇼핑줌]과 [ZUM을 홈페이지로]를 클릭(☑)하여 해제한 후 [빠른 설치]를 클릭합니다.

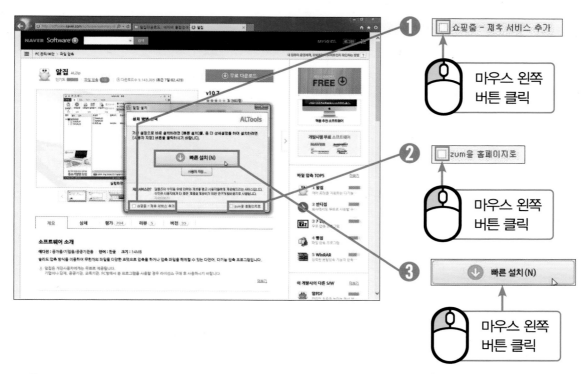

**12** 알캡처 설치를 클릭하여 해제한 후 [확인]을 클릭합니다.

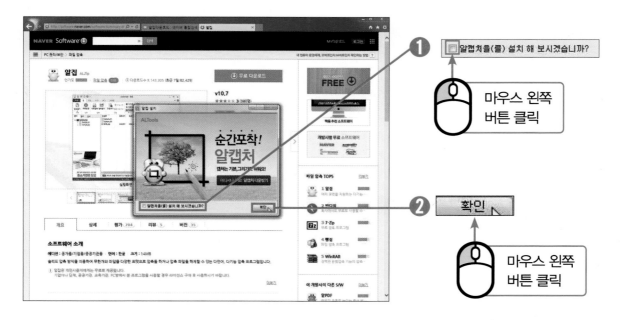

**13** [닫기]를 클릭한 후 [모든 탭 닫기]를 클릭합니다.

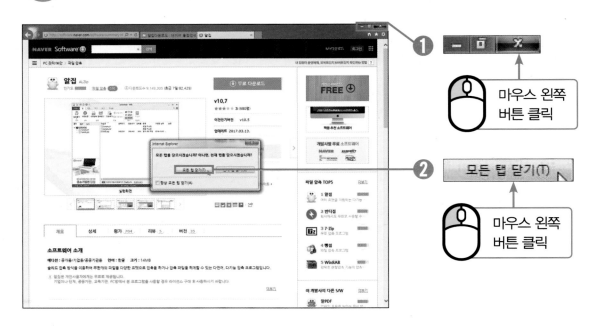

마우스 왼쪽
버튼 클릭

모든 탭 닫기(T)

마우스 왼쪽
버튼 클릭

**14** 알집의 단축 아이콘이 생성되었습니다.

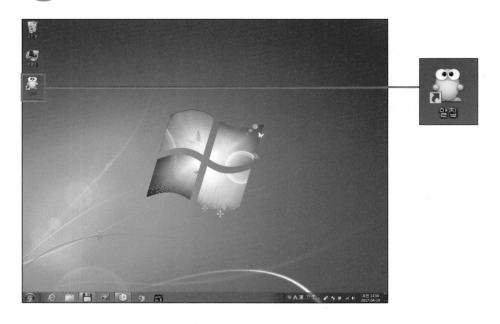

알집

# Section 02

# 폴더 압축하기

한 개의 폴더 전체를 압축해 보겠습니다.

**01** [알집]을 더블클릭하여 실행한 후 [최대화]를 클릭합니다.

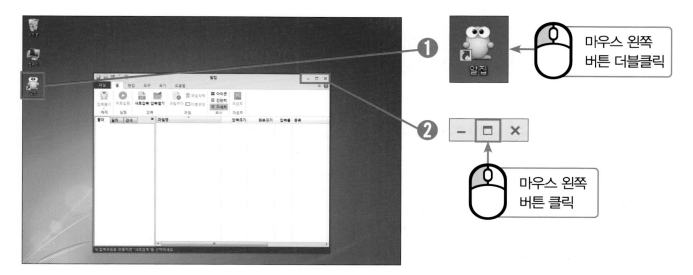

① 알집 ← 마우스 왼쪽 버튼 더블클릭

② ← 마우스 왼쪽 버튼 클릭

**02** [새로압축]을 클릭합니다.

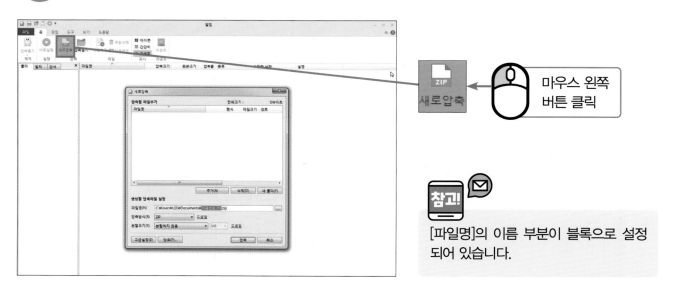

새로압축 ← 마우스 왼쪽 버튼 클릭

**참고!** [파일명]의 이름 부분이 블록으로 설정 되어 있습니다.

**03** 파일명을 입력한 후 [추가]를 클릭합니다.

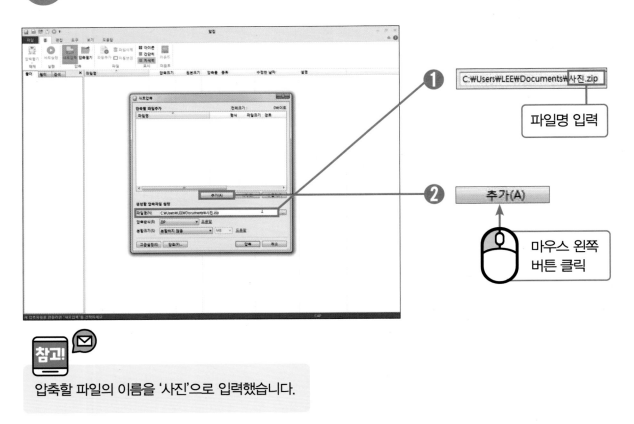

① C:\Users\LEE\Documents\사진.zip

파일명 입력

② 추가(A)

마우스 왼쪽
버튼 클릭

참고!

압축할 파일의 이름을 '사진'으로 입력했습니다.

**04** [찾는 위치]의 ▼를 클릭하여 압축할 폴더가 있는 드라이브를 클릭합니다.

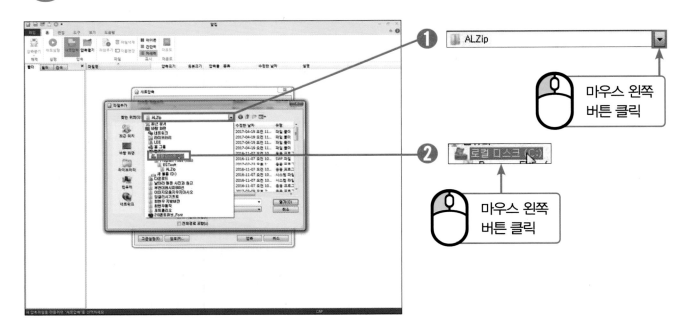

① ALZip

마우스 왼쪽
버튼 클릭

② 로컬 디스크 (C:)

마우스 왼쪽
버튼 클릭

압축할 폴더를 클릭한 후 [열기]를 클릭합니다.

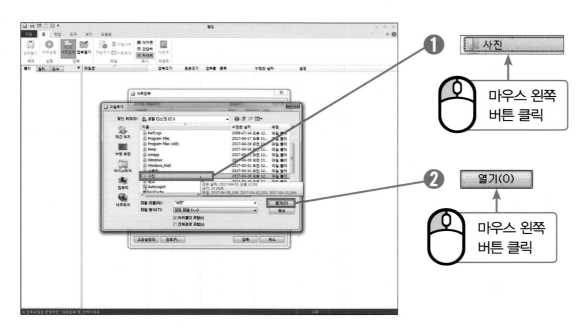

① 사진

마우스 왼쪽
버튼 클릭

② 열기(O)

마우스 왼쪽
버튼 클릭

**06** [압축]을 클릭합니다.

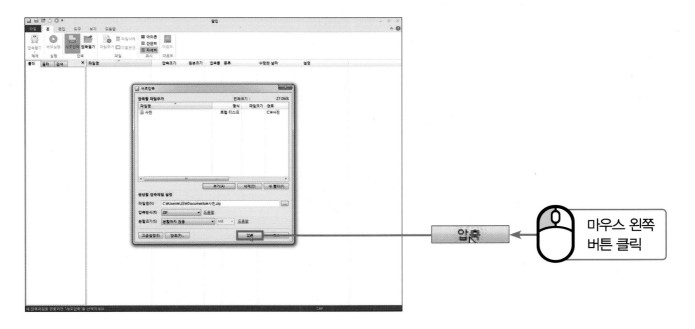

압축

마우스 왼쪽
버튼 클릭

압축이 종료되면 [폴더열기]를 클릭합니다.

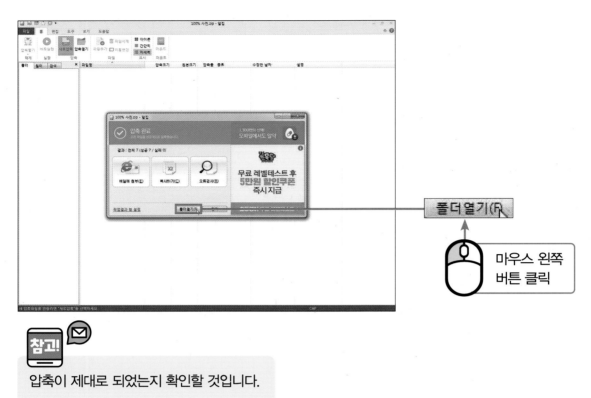

 마우스 왼쪽
버튼 클릭

참고! 압축이 제대로 되었는지 확인할 것입니다.

08 압축된 파일이 보입니다.

참고! 압축된 파일이 있는 폴더의 경로
를 기억해 두어야 다음에 이 파일
을 쉽게 찾을 수 있습니다.

# Section 03 파일만 압축하기

폴더에서 특정 파일만 압축해 보겠습니다.

**01** [알집]을 더블클릭하여 실행한 후 [최대화]를 클릭합니다.

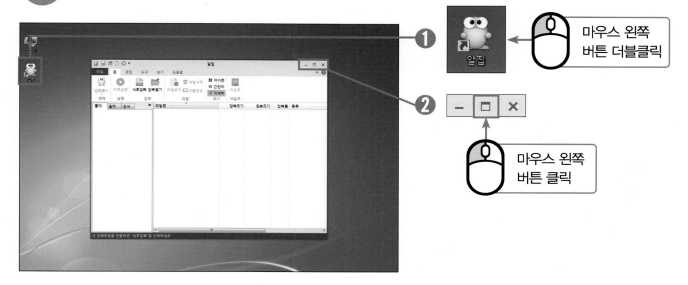

❶

마우스 왼쪽
버튼 더블클릭

❷

마우스 왼쪽
버튼 클릭

**02** [새로압축]을 클릭한 후 [파일명]을 입력하고 [추가]를 클릭합니다.

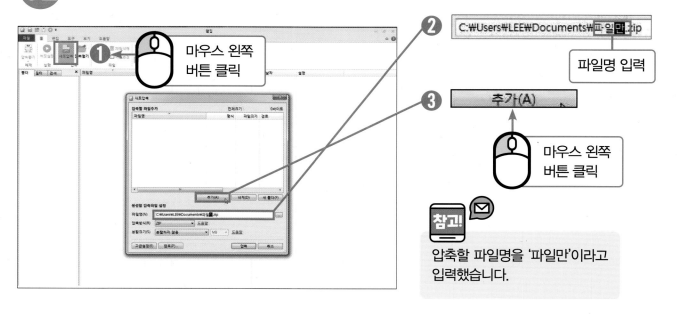

❶ 마우스 왼쪽
버튼 클릭

❷ C:₩Users₩LEE₩Documents₩파일만.zip

파일명 입력

❸ 추가(A)

마우스 왼쪽
버튼 클릭

참고!

압축할 파일명을 '파일만'이라고
입력했습니다.

**03** [찾는 위치]의 🔽를 클릭하여 압축할 폴더가 있는 드라이브를 선택합니다.

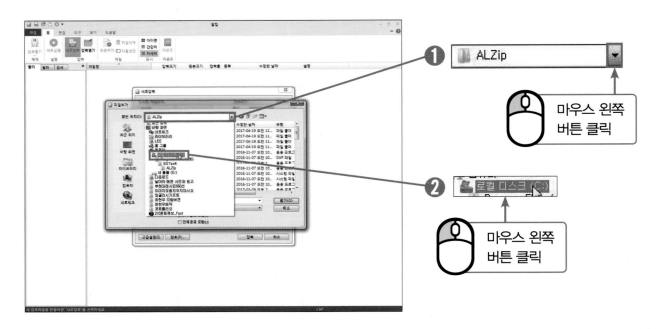

마우스 왼쪽
버튼 클릭

마우스 왼쪽
버튼 클릭

**04** 압축할 파일이 있는 폴더를 더블클릭합니다.

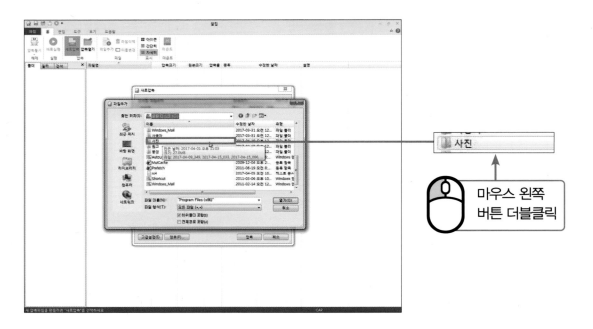

마우스 왼쪽
버튼 더블클릭

**05** Ctrl 키를 누른 채 압축할 파일을 차례로 클릭한 후 [열기]를 클릭합니다.

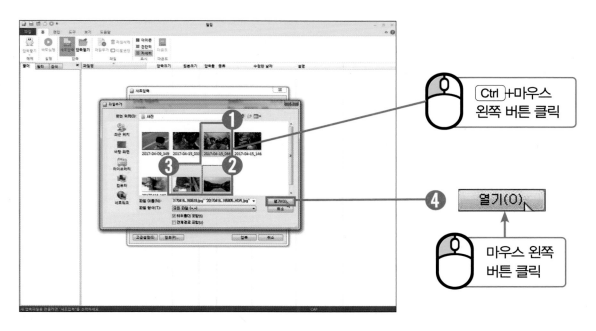

Ctrl +마우스
왼쪽 버튼 클릭

**4** 열기(O)

마우스 왼쪽
버튼 클릭

**06** [압축]을 클릭합니다.

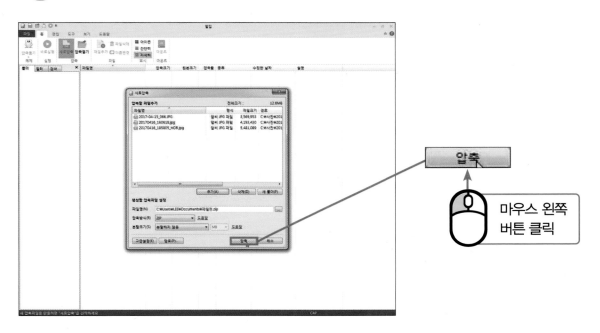

압축

마우스 왼쪽
버튼 클릭

**07** [폴더열기]를 클릭합니다.

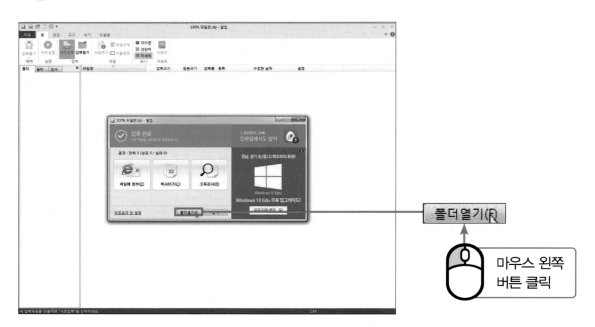

폴더 열기(F)

마우스 왼쪽
버튼 클릭

**08** 폴더에 압축된 파일이 보입니다.

이렇게 압축된 파일은 메일로 첨부해서 보낼 수 있습니다.

# Section
## 04

# 압축 파일 풀기

이메일로 받은 압축 파일을 풀어 보겠습니다.

**01** 압축 파일이 첨부된 받은 이메일을 클릭합니다.

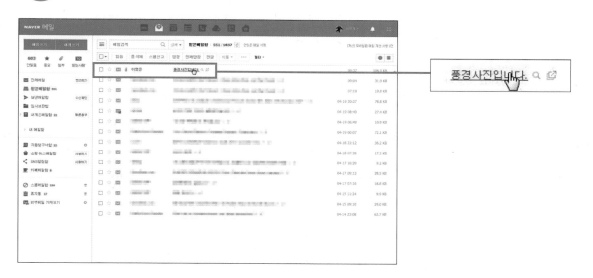

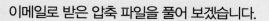

**02** 첨부된 파일을 클릭한 후 [저장]을 클릭합니다.

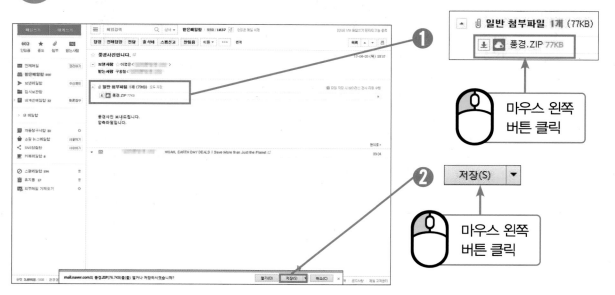

📎 일반 첨부파일 1개 (77KB)

📥 🗂 풍경.ZIP 77KB

마우스 왼쪽
버튼 클릭

저장(S) ▼

마우스 왼쪽
버튼 클릭

**03** 저장이 완료되면 [폴더 열기]를 클릭합니다.

마우스 왼쪽
버튼 클릭

**04** 폴더가 열리면 압축된 파일을 더블클릭합니다.

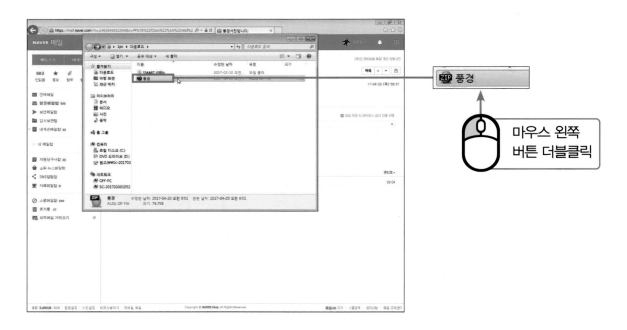

마우스 왼쪽
버튼 더블클릭

**05** 알집이 실행되면 [압축풀기]를 클릭한 후 압축을 풀 폴더를 선택하고 [확인]을 클릭합니다.

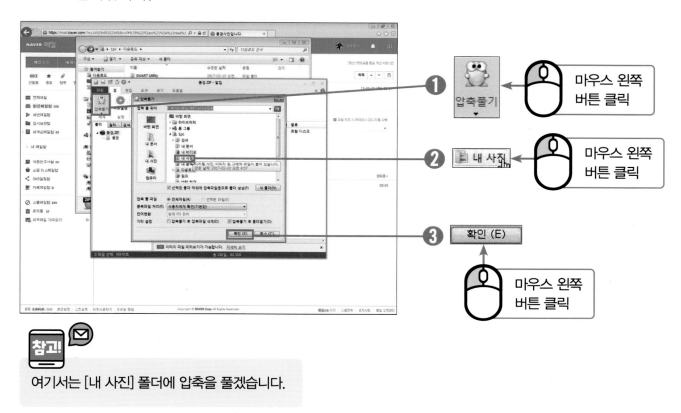

마우스 왼쪽 버튼 클릭

마우스 왼쪽 버튼 클릭

마우스 왼쪽 버튼 클릭

**참고!** 여기서는 [내 사진] 폴더에 압축을 풀겠습니다.

**06** 압축이 풀린 폴더를 더블클릭하면 폴더에 있는 사진들이 보입니다.

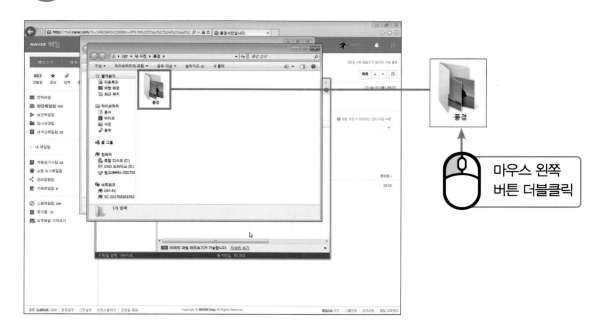

마우스 왼쪽 버튼 더블클릭

# Section 05 압축 파일을 풀지 않고 실행하기

압축 파일을 풀지 않고 압축 파일 안에 있는 파일을 보겠습니다.

그림 파일이나 문서의 경우 압축을 풀지 않고도 볼 수 있습니다.

**01** 압축 파일을 마우스 오른쪽 버튼으로 클릭하고 [알씨로 보기]를 클릭합니다.

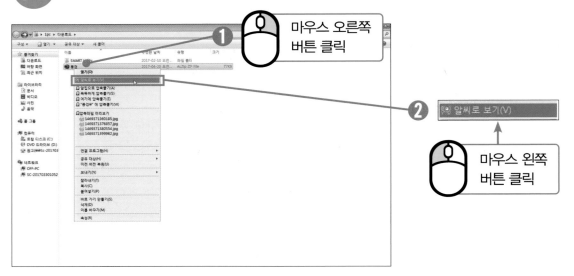

마우스 오른쪽 버튼 클릭

② 알씨로 보기(V)

마우스 왼쪽 버튼 클릭

**02** 그림이 보입니다.

# 제 15장

# 바이러스 검사하기

악성 코드와 바이러스를 검사하는 '알약'을 설치해서
바이러스와 악성 코드를 검사해 보겠습니다.

# Section 01

# 알약 설치하기

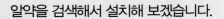

알약을 검색해서 설치해 보겠습니다.

**01** [인터넷 익스플로러]를 클릭합니다.

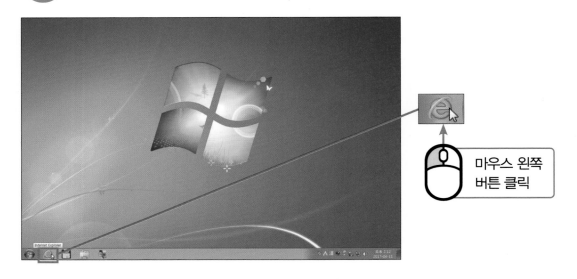

마우스 왼쪽
버튼 클릭

**02** 검색어 입력란을 클릭한 후 '백신'이라고 입력하고 '백신프로그램'을 클릭합니다.

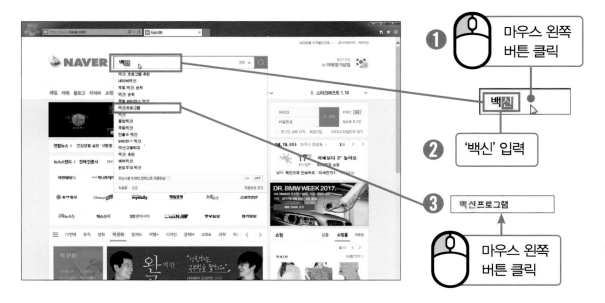

❶ 마우스 왼쪽
버튼 클릭

❷ '백신' 입력

❸ 백신프로그램

마우스 왼쪽
버튼 클릭

알약 [다운로드]를 클릭합니다.

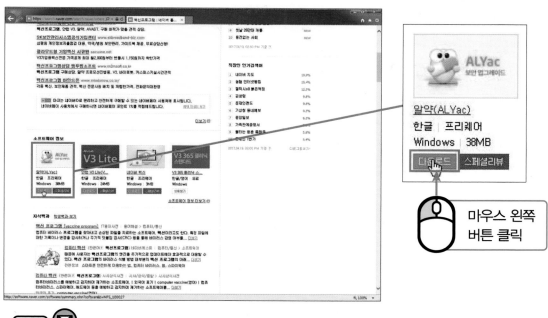

여기서는 [알약]을 다운로드받아 설치할 것입니다.

 [무료 다운로드]를 클릭합니다.

## 05 [확인 후 다운로드]를 클릭합니다.

⊕ 확인 후 다운로드

마우스 왼쪽
버튼 클릭

## 06 [다운로드]를 클릭합니다.

⊕ 다운로드

마우스 왼쪽
버튼 클릭

**07** [다운로드]를 클릭합니다.

마우스 왼쪽
버튼 클릭

**08** [실행]을 클릭합니다.

실행(R)

마우스 왼쪽
버튼 클릭

참고!

파일을 저장하지 않고 바로 실행할 것입니다.

**09** [동의]를 클릭합니다.

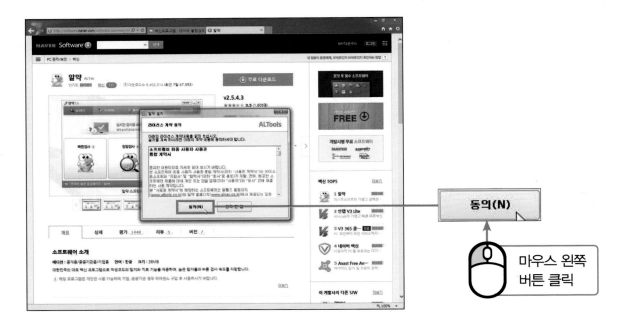

동의(N)

마우스 왼쪽
버튼 클릭

**10** [빠른 설치]를 클릭합니다.

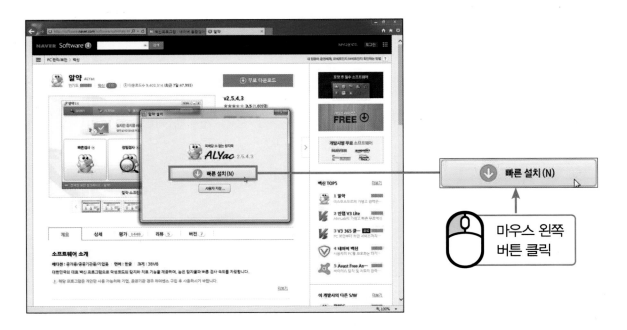

빠른 설치(N)

마우스 왼쪽
버튼 클릭

**11** [확인]을 클릭합니다.

확인

마우스 왼쪽
버튼 클릭

**12** 설치가 끝나면 [업데이트 시작]을 클릭합니다.

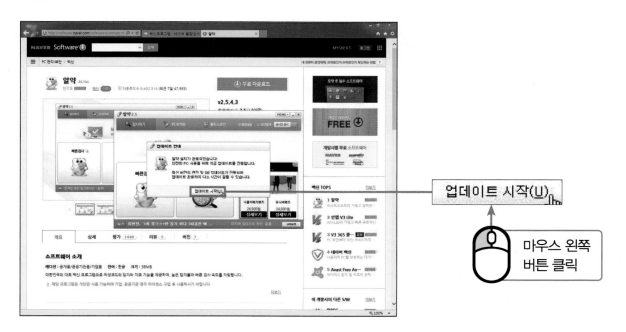

업데이트 시작(U)

마우스 왼쪽
버튼 클릭

**13** 업데이트가 끝나면 인터넷 익스플로러의 [닫기]를 클릭합니다.

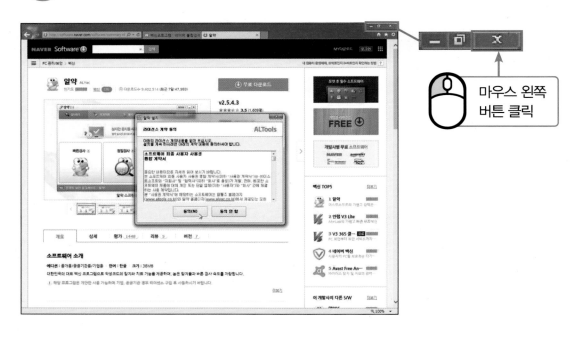

마우스 왼쪽
버튼 클릭

**14** [모든 탭 닫기]를 클릭합니다.

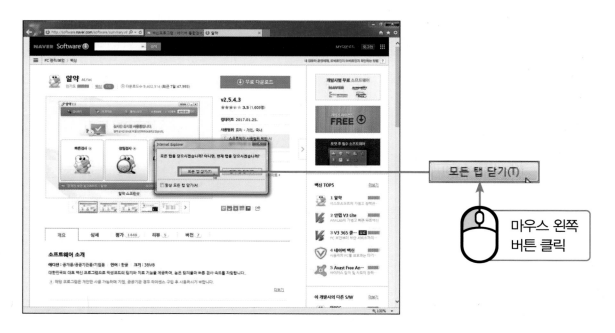

모든 탭 닫기(T)

마우스 왼쪽
버튼 클릭

# Section 02

## 알약으로 검사하기

알약으로 바이러스 검사를 한 후 PC를 최적화해 보겠습니다.

**01** [빠른검사]를 클릭합니다.

마우스 왼쪽
버튼 클릭

**02** 검사 결과가 깨끗하면 [닫기]를 클릭합니다.

닫기(C)

마우스 왼쪽
버튼 클릭

**03** [PC최적화]를 클릭합니다.

컴퓨터에 있는 불필요한 파일들을 삭제할 것입니다.

**04** [PC최적화]를 클릭합니다.

**05** [검색시작]을 클릭합니다.

**06** 최적화가 진행됩니다.

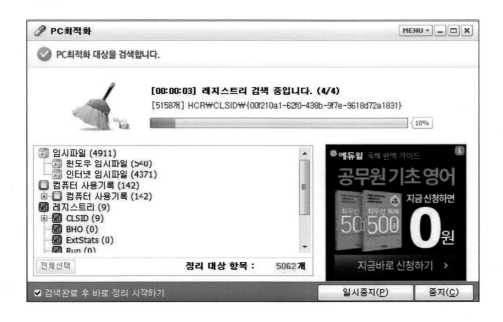

최적화의 결과가 나타납니다.

## 알약 실시간 감시 창

알약은 컴퓨터가 켜지면 실시간으로 감시하여 바이러스와 악성 코드가 나타나면 바로 경고
창이 나타나면서 치료를 시작합니다.
치료가 되면 악성 코드에 감염된 파일이나 바이러스에 감염된 파일은 삭제됩니다.

# 제 16장

# 인터넷의
# 기초

인터넷은 다양한 정보가 있어서 정보의 바다라고 합니다.

이번 장에서는 인터넷의 기본적인 사용법에 대해서 알아보겠습니다.

# 인터넷으로 무엇을 할 수 있나요?

인터넷으로 할 수 있는 것들은 무척 많은데 여기서는 가장 많이 사용하는 기능에 대해서 알아보겠습니다.

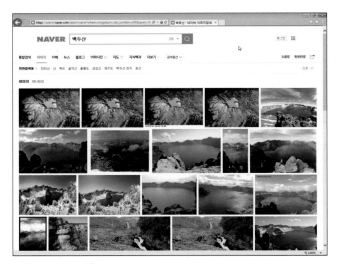

정보 검색

전자 우편(메일) 주고받기

카카오톡

신문 보기

인터넷뱅킹(은행)

민원서류 보기(발급)

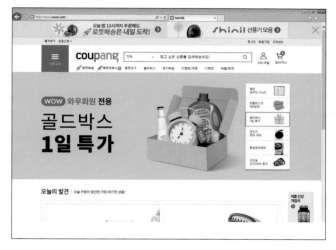

물건 구매하기(쇼핑)

지인들과의 의사소통(페이스북)

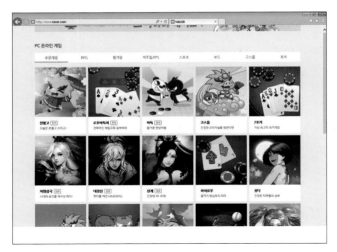

게임

친목도모(카페)

무료 동영상 보기

지도 찾기

## 1. 인터넷을 하면서 자주 사용하는 용어에 대해서 알아보겠습니다.

① 홈페이지, 웹 사이트(web site) : 인터넷을 실행하면 볼 수 있는 화면입니다. 개인, 회사, 공공기관이 만든 것으로 정보를 저장해 놓은 집합체를 말합니다.

② 링크(link) : 인터넷 홈페이지에서 특정한 문자나, 이미지 등을 클릭하면 다른 사이트로 이동할 수 있게 하는 것입니다.

③ URL(주소) : 모든 건물에는 주소가 있듯이 보고 있는 모든 웹사이트에는 주소가 있습니다. 이 주소를 URL이라고 부릅니다.

④ 이메일(e-mail : 전자메일) : 종이가 아닌 인터넷으로 메일을 보내는 것을 이메일 또는 전자메일이라고 합니다.

⑤ 로그인(log-in) : 아이디와 비밀번호를 입력하고 특정 사이트에 들어가는 것을 로그인한다고 합니다.

⑥ 로그아웃(log-out) : 아이디와 비밀번호를 입력하고 접속한 사이트에서 나올 때 사용을 끝내겠다고 알리는 것입니다.

⑦ 액티브엑스(active-x) : 인터넷을 하면서 좀 더 쉽고 편리하게 사용할 수 있도록 개발한 것으로 해당 페이지에 접속하면 자동으로 내려받아 실행됩니다.

## 2. 인터넷 주소 보는 법

www . hyejiwon . co . kr
❶   ❷   ❸     ❹   ❺

① www : 인터넷이 거미줄처럼 복잡하다는 의미로 월드와이드웹이라고 부르며, 줄여서 www라고 합니다.

② . : 닷(dot : 점)이라고 하며 이름과 성격, 국가를 구분할 때 점을 찍어 구분합니다.

③ 이름 : 회사나 단체의 고유의 이름입니다.

④ CO : 이 기관의 성격이 학교(ac. edu)인지, 회사(co, com)인지, 국가기관(or, org)인지를 알려 줍니다.

⑤ kr : 국가명을 나타내며 한국은 KOREA의 약자인 kr로, 일본은 jp, 중국은 cn으로 표시합니다. 미국은 국가명이 없습니다.

# Section 02

## 인터넷 익스플로러 실행하기

인터넷 익스플로러를 실행해 보겠습니다.

**01** [시작()]을 클릭한 후 [모든 프로그램]을 클릭합니다.

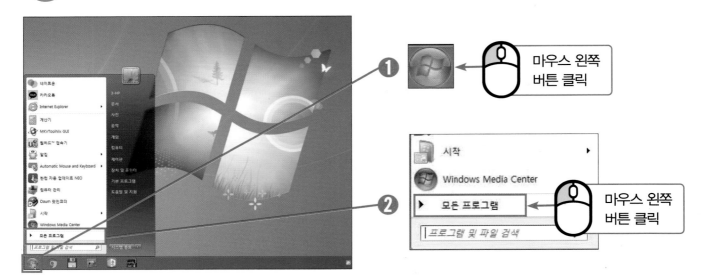

마우스 왼쪽 버튼 클릭

마우스 왼쪽 버튼 클릭

**02** Internet Explorer 를 클릭합니다.

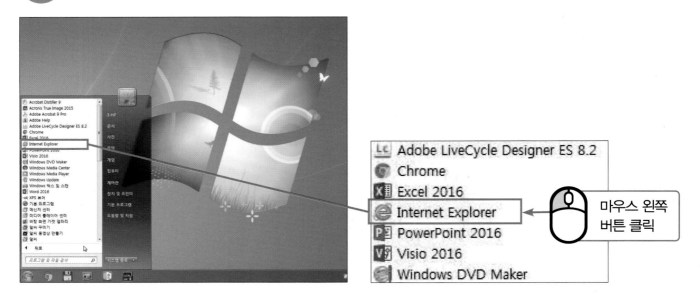

| | |
|---|---|
| Adobe LiveCycle Designer ES 8.2 | |
| Chrome | |
| Excel 2016 | |
| Internet Explorer | |
| PowerPoint 2016 | |
| Visio 2016 | |
| Windows DVD Maker | |

마우스 왼쪽 버튼 클릭

**03** 인터넷 익스플로러가 실행됩니다.

참고! 인터넷 익스플로러 초기 화면은 사용자의 설정에 따라서 다릅니다.

## 팁! 포털사이트의 종류

포털사이트는 정보 검색 서비스, 이메일 계정 서비스, 뉴스 서비스 등 사용자가 필요한 서비스를 제공하는 사이트를 말합니다. 대표적인 것으로는 네이버(www.naver.com), 다음(www.daum.net), 네이트(www.nate.com) 등이 있습니다.

▲ 다음 화면　　　▲ 네이트 화면

# 인터넷 익스플로러 화면 구성

인터넷 익스플로러의 화면 구성에 대해서 살펴보겠습니다. 버전에 따라서 조금씩 다르지만 기본적인 구성은 다음과 같습니다.

❶ **주소 표시줄** : 현재 보고 있는 인터넷 사이트의 주소를 표시합니다.

－**주소 표시줄 자동 완성** : 주소의 일부분만 입력해도 나머지 주소가 자동으로 완성되게 합니다.

－**새로고침(↻)** : 화면이 잘 보이지 않을 경우 화면의 내용을 새로 보이게 합니다.

❷ **제목 표시탭** : 현재 보고 있는 사이트의 이름을 표시합니다.

> N NAVER × 

❸ **기본 도구 모음** : 인터넷 익스플로러에서 사용하는 기본적인 도구 모음입니다.

> 🏠 ★ ⚙

-**홈(🏠)** : 다른 페이지를 보고 있다가 [홈(🏠)]을 클릭하면 인터넷 익스플로러를 처음 실행했을 때 보이는 홈페이지로 이동합니다.

-**즐겨찾기(★)** : 자주 가는 홈페이지 목록을 표시하거나 추가할 수 있습니다.

-**도구(⚙)** : 인터넷 익스플로러에서 사용하는 옵션을 설정합니다.

❹ **메뉴 표시줄** : 인터넷 익스플로러에서 사용 가능한 명령들을 모아 놓았습니다.

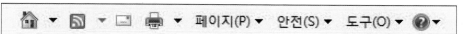

❺ **상태 표시줄** : 현재 커서가 있는 곳의 링크를 알려 주거나 현재 페이지의 상황을 알려 줍니다.

> http://newsstand.naver.com/?list=&pcode=016

❻ **확대/축소** : 현재 페이지의 내용을 크게 보이게 하거나 작게 보이게 합니다.

> 🔍 100% ▼

❼ **스크롤 바** : 화면을 한 번에 볼 수 없을 경우 스크롤 바를 클릭하여 아래, 위 또는 왼쪽, 오른쪽으로 이동하면 나머지 화면을 볼 수 있습니다.

# Section 04

## 주소 입력해서 페이지 이동하기

인터넷 주소 창에 주소를 입력해서 이동하고 싶은 페이지로 이동 해 보겠습니다.

**01** 인터넷 익스플로러의 주소 입력 창을 클릭하면 주소가 블록으로 설정됩니다.

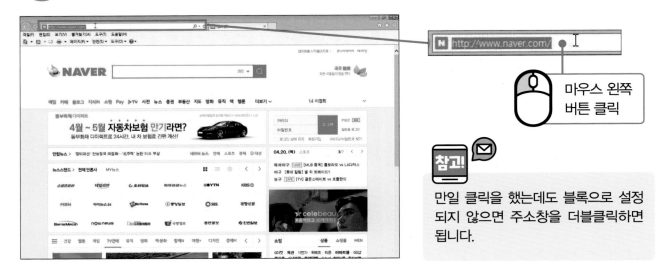

마우스 왼쪽 버튼 클릭

참고!

만일 클릭을 했는데도 블록으로 설정 되지 않으면 주소창을 더블클릭하면 됩니다.

**02** 이동할 주소(www.daum.net)를 입력한 후 [ Enter ] 키를 누릅니다.

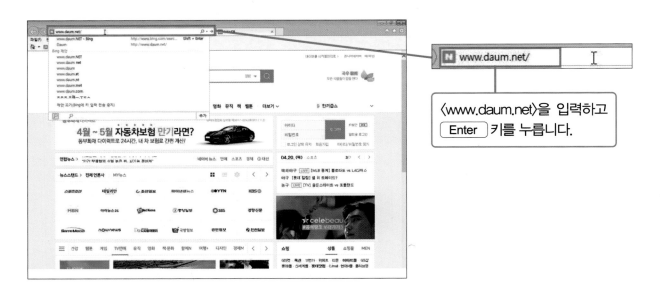

〈www.daum.net〉을 입력하고 [ Enter ] 키를 누릅니다.

입력한 주소의 홈페이지가 열립니다.

# 링크(Link)를 클릭해서 이동하기

링크(link)는 '관련되어 있다'는 의미입니다. 인터넷 창 위에서 마우스를 움직이다 보면 마우스 커서의 모양이 화살표( ▷ )에서 ( ✋ ) 모양으로 바뀌는데 이때 클릭하면 연관된 홈페이지로 이동합니다.

**01** 인터넷 익스플로러를 실행합니다. 보고 싶은 내용이 있는 곳으로 마우스를 이동하면 마우스 커서 모양이 ✋로 바뀔 때 클릭합니다.

마우스 커서가 손 모양으로
바뀌면 마우스 왼쪽 버튼 클릭

읽고 싶은 내용이 있는 곳을 클릭합니다.

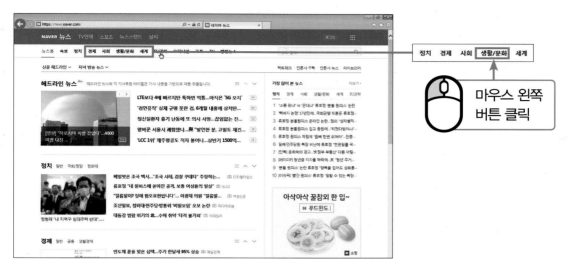

마우스 왼쪽
버튼 클릭

**03** 다시 읽고 싶은 내용이 있는 곳을 클릭합니다.

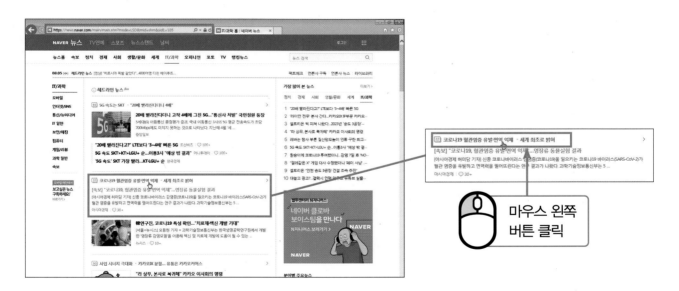

마우스 왼쪽
버튼 클릭

**04** 내용을 읽은 후 좀 전에 보았던 페이지로 되돌아가기 위해 [뒤로 가기] 버튼 (⬅)을 클릭합니다.

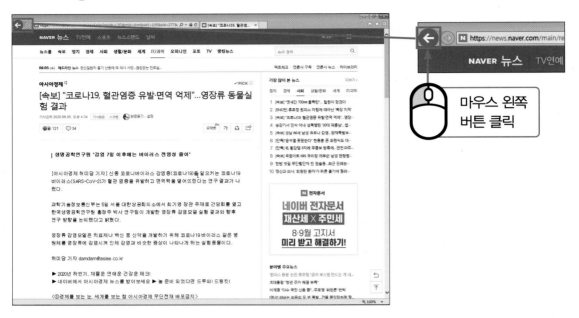

마우스 왼쪽 버튼 클릭

**05** 바로 앞에서 보았던 페이지로 돌아옵니다.

 한 페이지 뒤로 이동을 하면 [뒤로 가기] 버튼(⬅) 옆에 있는 [앞 페이지로 이동] 버튼(➡)이 활성화됩니다.

# Section 06

## 화면 확대하기

모니터의 해상도에 따라서 화면을 확대하면 가독성이 좋은 경우
가 있습니다. 여기서는 화면의 배율을 확대해 보겠습니다.

**01** 화면 우측 하단의 [확대/축소 수준 변경]을 클릭한 후 확대하고 싶은 배율
(150%)을 클릭합니다.

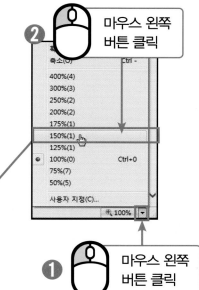

마우스 왼쪽
버튼 클릭

마우스 왼쪽
버튼 클릭

**02** 선택한 비율(150%)로 화면이 확대됩니다.

100%에서 150%로 바뀌었습니다.

**참고!**

화면을 확대하면 내용이 크게 보이지
만 한 번에 전체의 내용을 볼 수 없는
경우도 있습니다.

**03** 예전의 화면 배율로 돌아가기 위해서 화면 우측 하단의 [확대/축소 수준 변경]
을 클릭한 후 축소하고 싶은 배율(125%)을 클릭합니다.

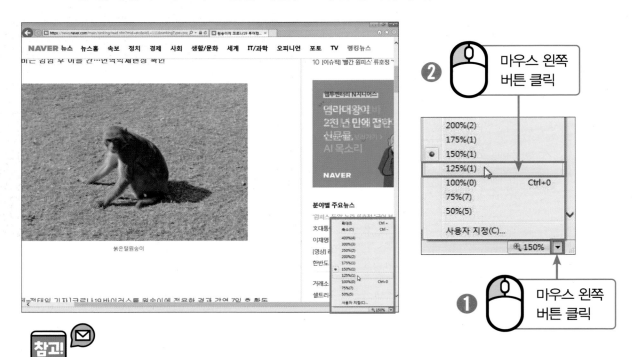

참고!

화면의 확대 배율은 모니터의 해상도에 따라서 다르게 선택할 수 있습니다.

**04** 선택한 비율(125%)로 화면이 축소됩니다.

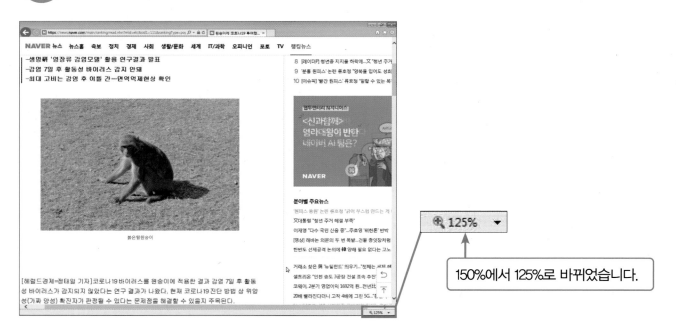

150%에서 125%로 바뀌었습니다.

# Section 07 화면 구성 요소 보이기 / 감추기

화면에 보이는 명령 모음, 메뉴 모음 등을 감추거나 보이게 하겠습니다.

**01** 주소 표시줄 밑에서 마우스 오른쪽 버튼으로 클릭한 후 감추고 싶은 메뉴(즐겨찾기 모음)를 클릭합니다.

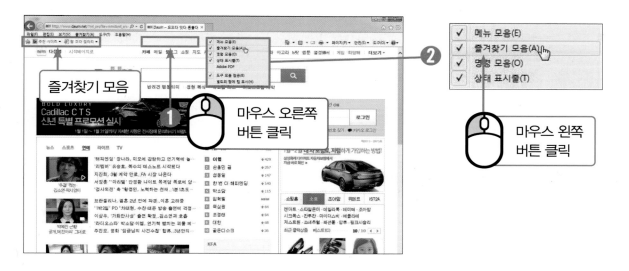

즐겨찾기 모음

마우스 오른쪽 버튼 클릭

②

✓ 메뉴 모음(E)
✓ 즐겨찾기 모음(A)
✓ 명령 모음(O)
✓ 상태 표시줄(T)

마우스 왼쪽 버튼 클릭

**02** [즐겨찾기 모음]이 감춰집니다.

위 화면에 있던 즐겨찾기 모음이 없어졌습니다.

〈즐겨찾기 모음〉

**03** [즐겨찾기 모음]을 보이게 하기 위해 주소 표시줄 밑에서 마우스 오른쪽 버튼
으로 클릭한 후 [즐겨찾기 모음]을 클릭합니다.

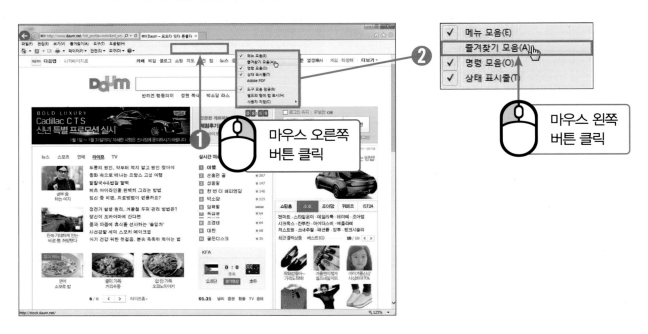

**04** [즐겨찾기 모음]이 다시 나타납니다.

즐겨찾기 모음이 다시 나타납니다.

# 제 17장

# 네이버, 다음, 구글 사용법 알아보기

네이버, 다음, 구글에서 원하는 자료를 찾아보는 방법에 대해서 알아보겠습니다.

# 네이버
# (http://www.naver.com/)

네이버에 접속해서 백두산에 대해서 검색해 보겠습니다. 인터넷 익스플로러
(🅴)를 실행했을 때 처음 화면으로 네이버가 나온다면 05번 단계로 이동합니다.

**01** [시작(🏁)]을 클릭한 후 [모든 프로그램]을 클릭합니다.

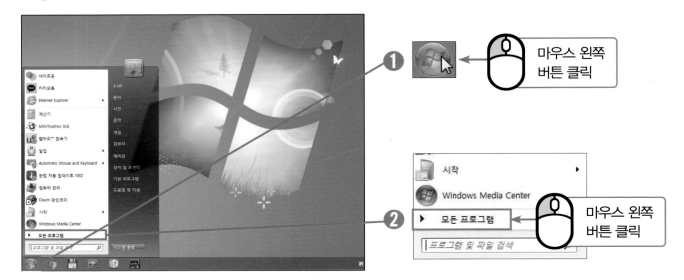

마우스 왼쪽
버튼 클릭

시작 ▶

Windows Media Center

▶ 모든 프로그램

프로그램 및 파일 검색

마우스 왼쪽
버튼 클릭

**02** 🅴 Internet Explorer 를 클릭합니다.

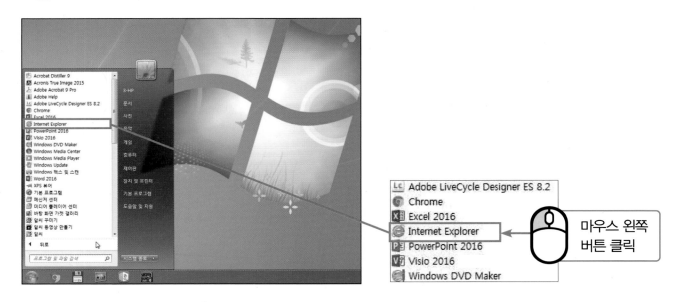

LC Adobe LiveCycle Designer ES 8.2
🅒 Chrome
XⓑExcel 2016
🅴 Internet Explorer
PⓑPowerPoint 2016
VⓑVisio 2016
Windows DVD Maker

마우스 왼쪽
버튼 클릭

**03** 인터넷 익스플로러가 실행되면 주소 입력란 위에 마우스를 올려놓고 마우스
왼쪽 버튼을 클릭하여 글자를 음영으로 만듭니다.

글자를 음영으로 만드는 것을 '블록'으로 설정한다고 말합니다.

**04** 네이버 주소(www.naver.com)를 입력한 후 [ Enter ] 키를 누릅니다.

**05** 검색어 입력란을 클릭한 후 검색어(백두산)를 입력하고 [검색(🔍)]을 클릭합니다.

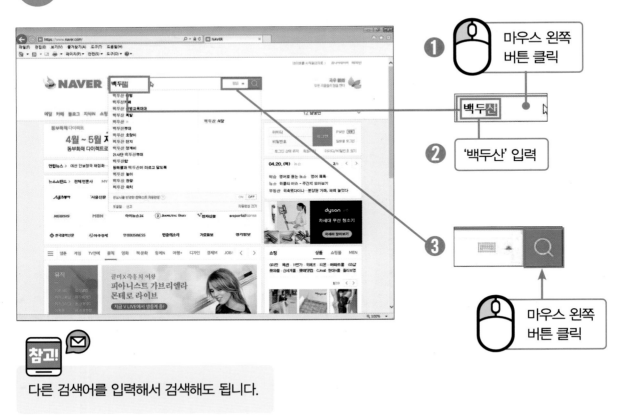

① 마우스 왼쪽 버튼 클릭

② '백두산' 입력

③ 마우스 왼쪽 버튼 클릭

참고!

다른 검색어를 입력해서 검색해도 됩니다.

**06** 백두산과 관련된 내용이 나오면 [이미지]를 클릭합니다.

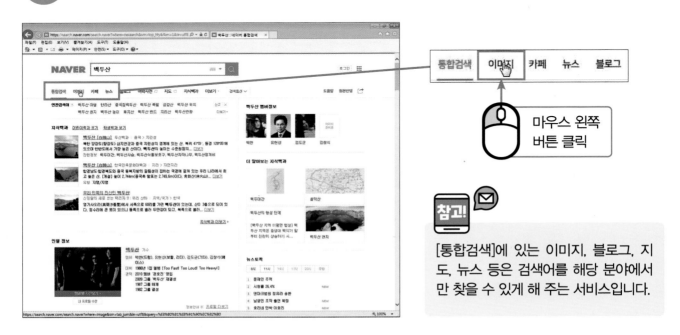

통합검색 | 이미지 | 카페 | 뉴스 | 블로그

마우스 왼쪽 버튼 클릭

참고!

[통합검색]에 있는 이미지, 블로그, 지도, 뉴스 등은 검색어를 해당 분야에서만 찾을 수 있게 해 주는 서비스입니다.

**07** 원하는 이미지를 보기 위해 화면 오른쪽의 스크롤 바를 마우스로 클릭한 채 아래로 잡아 내립니다.

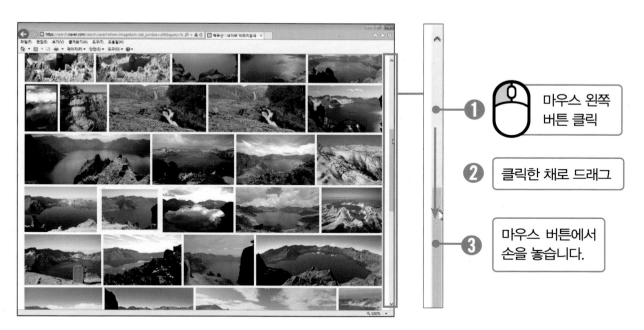

**1** 마우스 왼쪽 버튼 클릭

**2** 클릭한 채로 드래그

**3** 마우스 버튼에서 손을 놓습니다.

**08** 보고 싶은 이미지를 마우스로 클릭합니다.

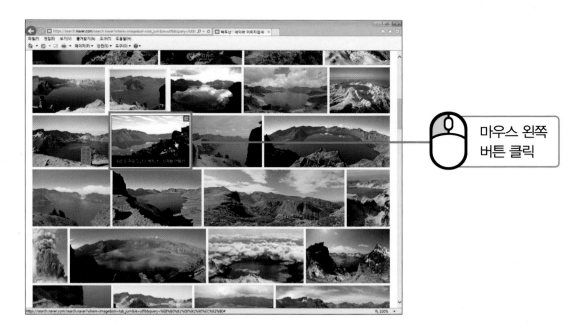

마우스 왼쪽 버튼 클릭

**09** 이미지가 크게 보이면 원본이 있는 사이트에 가기 위해서 이미지를 마우스로 클릭합니다.

마우스 왼쪽
버튼 클릭

**10** 클릭한 사이트가 열립니다.

 참고!

경우에 따라서는 새로운 창이 열리지 않고 새로운 탭으로 브라우저가 열리는 경우도 있습니다.

**11** 화면 오른쪽의 스크롤 바를 마우스로 클릭한 채 아래로 잡아 내린 후 이미지위
에서 마우스 오른쪽 버튼을 클릭하여 [다른 이름으로 사진 저장]을 클릭합니다.

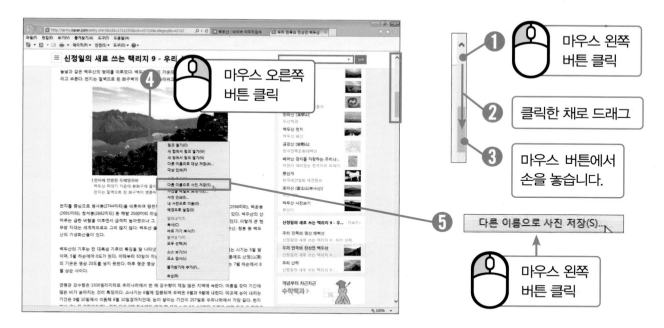

**참고!** 이미지가 저장되지 않는 사이트도 있습니다. 마우스 오른쪽 버튼이 되지 않는 경우에는
**08**번에서 다른 이미지를 선택합니다.

**12** [파일 이름]이 음영으로 설정되어 있습니다.

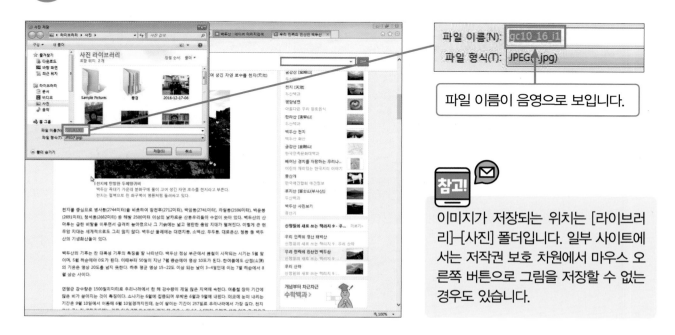

**참고!** 이미지가 저장되는 위치는 [라이브러리]-[사진] 폴더입니다. 일부 사이트에서는 저작권 보호 차원에서 마우스 오른쪽 버튼으로 그림을 저장할 수 없는 경우도 있습니다.

**13** 파일 이름을 입력한 후 [저장]을 클릭합니다.

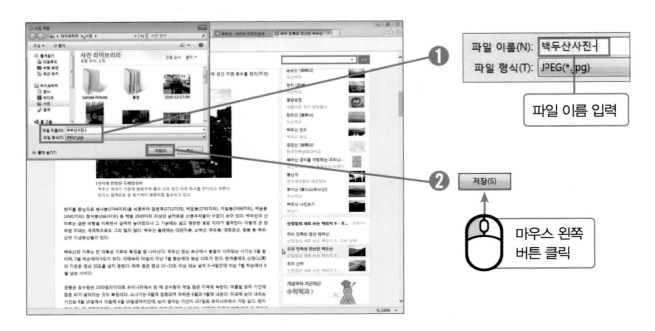

파일 이름(N): 백두산사진-

파일 형식(T): JPEG(*.jpg)

파일 이름 입력

저장(S)

마우스 왼쪽
버튼 클릭

**14** 이미지를 저장했으면 [닫기]를 클릭하여 사이트를 닫습니다.

마우스 왼쪽
버튼 클릭

이미지가 저장되는 위치인 [라이브러리]-[사진] 폴더를 기억해 놓기 바랍니다.

# Section 02

# 다음(http://www.daum.net/)

인터넷 익스플로러에서 [다음]으로 접속한 후 '제주도'에 대해서 검색해 보겠습니다. 인터넷 익스플로러를 실행했을 때 처음 화면으로 다음 사이트 홈페이지가 나온다면 **05**번 단계로 이동합니다.

**01** [시작(🔲)]을 클릭한 후 [모든 프로그램]을 클릭합니다.

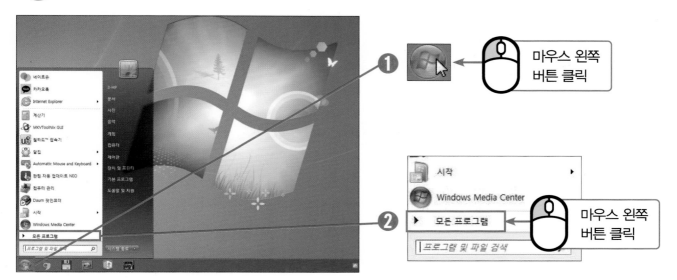

**02** 🅔 Internet Explorer 를 클릭합니다.

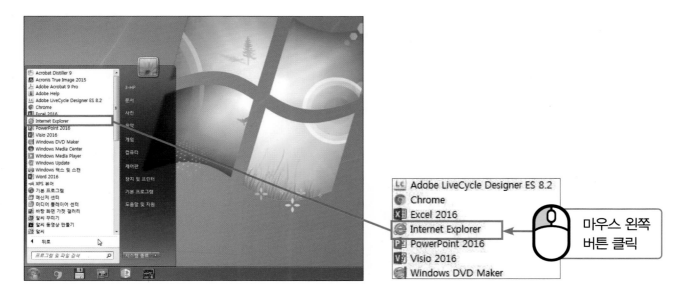

제 17장 네이버, 다음, 구글 사용법 알아보기 / 267

**03** 인터넷 익스플로러가 실행되면 주소 입력란 위에 마우스를 올려놓고 클릭하여
글자를 음영으로 만듭니다.

마우스 왼쪽
버튼 클릭

**04** 다음 주소(www.daum.net)를 입력한 후 [ Enter ] 키를 누릅니다.

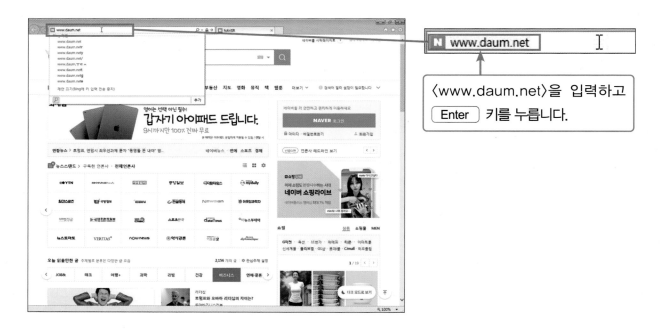

〈www.daum.net〉을 입력하고
[ Enter ] 키를 누릅니다.

**05** 검색어 입력란을 클릭한 후 검색어 [제주도]를 입력하고 [검색](🔍)을 클릭합니다.

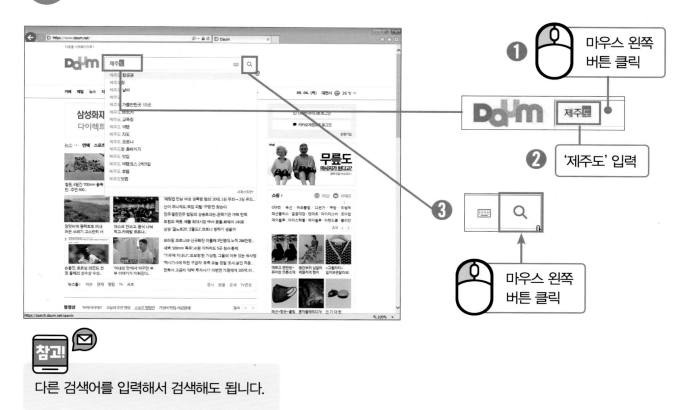

① 마우스 왼쪽 버튼 클릭

② '제주도' 입력

마우스 왼쪽 버튼 클릭

**참고!** 📧

다른 검색어를 입력해서 검색해도 됩니다.

**06** [제주도]와 관련된 내용이 나오면 화면 오른쪽의 스크롤 바를 아래쪽으로 잡아 내립니다.

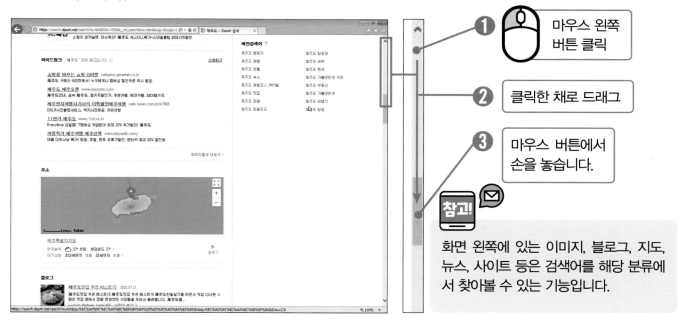

① 마우스 왼쪽 버튼 클릭

② 클릭한 채로 드래그

③ 마우스 버튼에서 손을 놓습니다.

**참고!** 📧

화면 왼쪽에 있는 이미지, 블로그, 지도, 뉴스, 사이트 등은 검색어를 해당 분류에서 찾아볼 수 있는 기능입니다.

**07** 보고 싶은 내용을 클릭합니다.

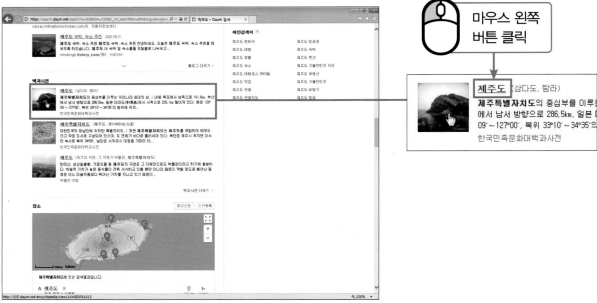

마우스 왼쪽
버튼 클릭

 여기서는 제주도와 관련된 백과사전을 보도록 하겠습니다.

**08** [제주도]와 관련된 내용이 나타납니다.

# Section 03

# 구글
# (http://www.google.co.kr/)

구글에서 검색한 내용을 아래한글과 워드패드로 복사한 후 저장해 보겠습니다.

## 1) 아래한글로 저장하기

구글에서 내용을 검색해서 그림과 내용을 아래한글로 저장해 보겠습니다.

**01** 주소 입력 창을 마우스로 클릭하여 블록으로 설정합니다.

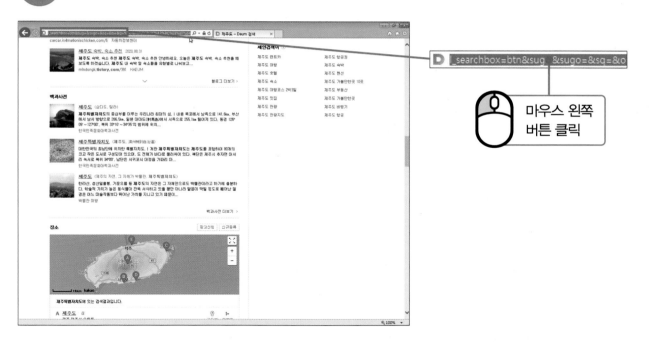

마우스 왼쪽
버튼 클릭

구글 주소(www.google.com)를 입력한 후 [ Enter ] 키를 누릅니다.

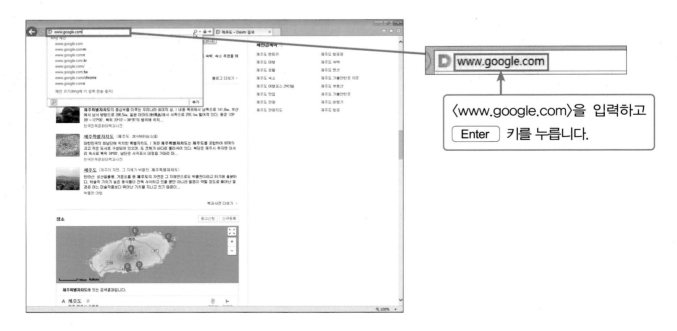

〈www.google.com〉을 입력하고 [ Enter ] 키를 누릅니다.

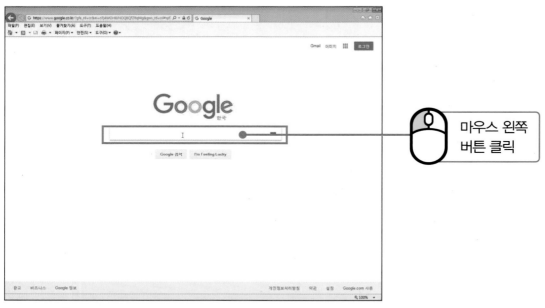 검색어 입력란을 마우스로 클릭합니다.

마우스 왼쪽 버튼 클릭

검색어 입력란에서 검색어를 입력하면 화면이 **04**번 단계처럼 바뀌면서 검색어 입력란이 화면 왼쪽 위로 올라갑니다.

검색어(한라산)를 입력한 후 Enter 키를 누릅니다.

〈한라산〉이라고 입력하고
Enter 키를 누릅니다.

05 [한라산]에 관한 검색 결과가 나타나면 그중에서 보고 싶은 내용을 클릭합니다.

마우스 왼쪽
버튼 클릭

한 번 본 내용은 글자의 색이 보라색으로 바뀝니다.

**06** 마우스 왼쪽 버튼을 누른 채로 아래로 잡아 내려서 복사하고 싶은 부분을 선택합니다.

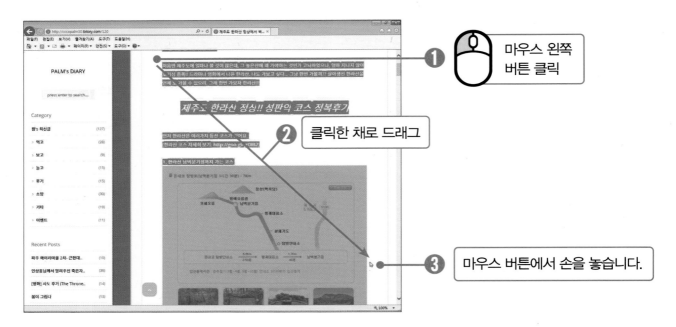

① 마우스 왼쪽 버튼 클릭

클릭한 채로 드래그

③ 마우스 버튼에서 손을 놓습니다.

**07** 마우스 왼쪽 버튼에서 손을 떼고 마우스 오른쪽 버튼을 클릭한 후 나타나는 메뉴 화면에서 [복사]를 클릭합니다.

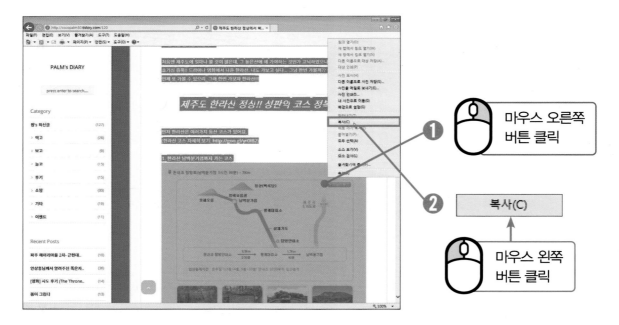

① 마우스 오른쪽 버튼 클릭

복사(C)

마우스 왼쪽 버튼 클릭

**08** [시작]-[모든 프로그램]-[한컴오피스 한글]을 클릭합니다.

마우스 왼쪽
버튼 클릭

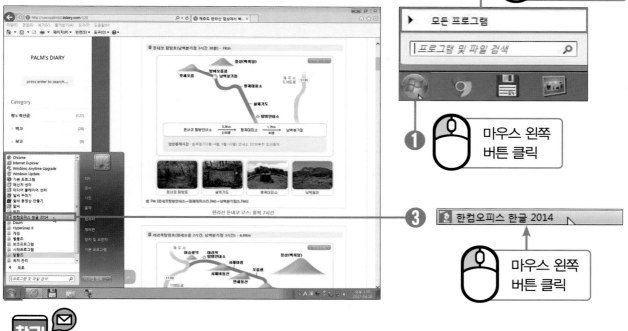

마우스 왼쪽
버튼 클릭

**3** 한컴오피스 한글 2014

마우스 왼쪽
버튼 클릭

**참고!**

사용자의 컴퓨터에 따라서 [아래한글]의 버전이 다를 수 있으며 프로그램의 실행 위치도 다를 수 있습니다.

**09** [아래한글]이 실행되면 마우스 오른쪽 버튼을 클릭한 후 [붙이기]를 클릭합니다.

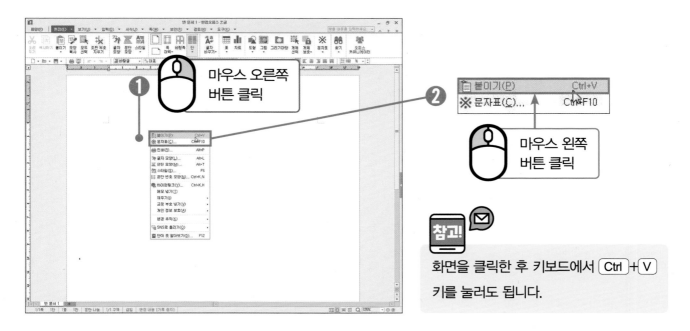

마우스 오른쪽
버튼 클릭

붙이기(P)    Ctrl+V
문자표(C)...    Ctrl+F10

마우스 왼쪽
버튼 클릭

**참고!**

화면을 클릭한 후 키보드에서 Ctrl + V
키를 눌러도 됩니다.

**10** [HTML 문서 붙이기] 창이 나타나면 [원본 형식 유지]가 선택되어 있는지
확인하고 [확인]을 클릭합니다.

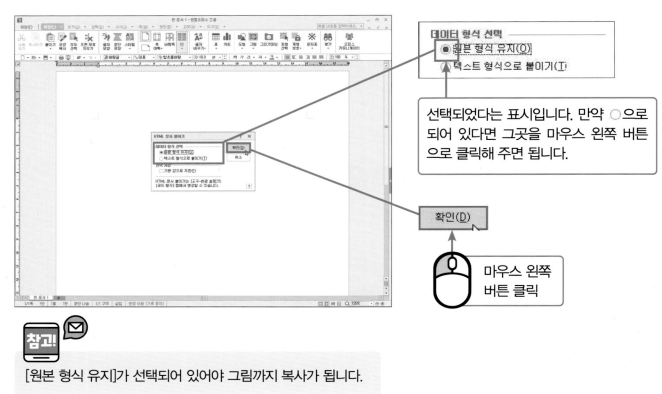

선택되었다는 표시입니다. 만약 ○으로
되어 있다면 그곳을 마우스 왼쪽 버튼
으로 클릭해 주면 됩니다.

확인(D)

마우스 왼쪽
버튼 클릭

참고!

[원본 형식 유지]가 선택되어 있어야 그림까지 복사가 됩니다.

**11** 내용이 한글 문서창에 복사되면 [파일]-[저장하기]를 클릭합니다.

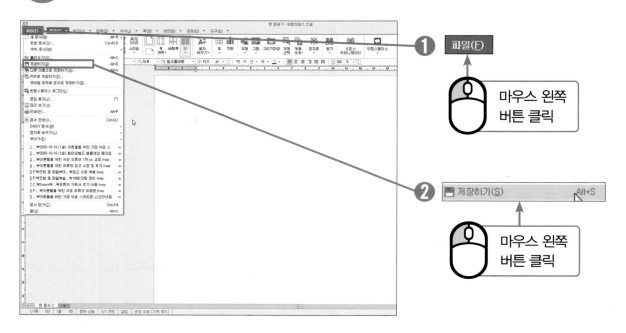

**①** 파일(F)

마우스 왼쪽
버튼 클릭

**②** 저장하기(S)   Alt+S

마우스 왼쪽
버튼 클릭

**12** [파일 이름]('제주도 한라산 정상에서 백록담을 보다')과 [저장 위치]([내 문서] 폴더)를 확인한 후 [저장]을 클릭합니다.

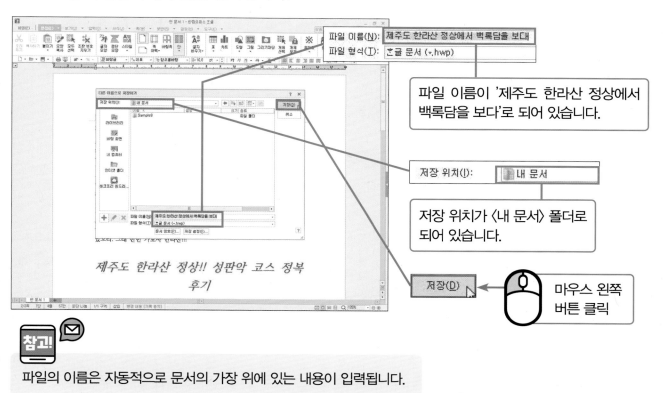

파일 이름이 '제주도 한라산 정상에서 백록담을 보다'로 되어 있습니다.

저장 위치가 〈내 문서〉 폴더로 되어 있습니다.

마우스 왼쪽 버튼 클릭

**참고!** 파일의 이름은 자동적으로 문서의 가장 위에 있는 내용이 입력됩니다.

**13** 문서 창의 가장 위쪽을 보면 저장된 파일의 이름이 보입니다.

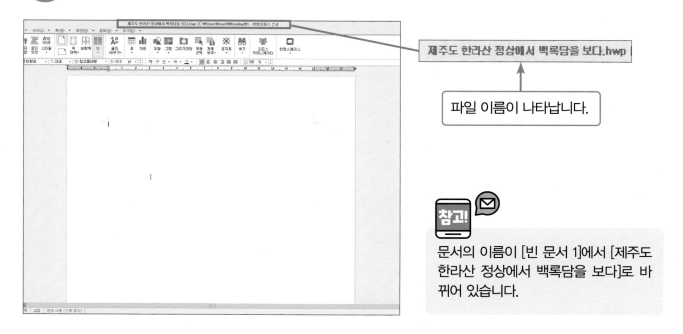

제주도 한라산 정상에서 백록담을 보다.hwp

파일 이름이 나타납니다.

**참고!** 문서의 이름이 [빈 문서 1]에서 [제주도 한라산 정상에서 백록담을 보다]로 바뀌어 있습니다.

## 2) 워드패드로 저장하기

복사한 내용을 워드패드로 저장해 보겠습니다. 워드패드로
복사하면 그림은 복사되지 않고 글자만 복사됩니다.

**01** [시작]-[모든 프로그램]-[워드패드]를 클릭합니다.

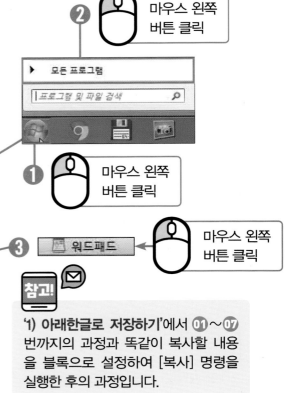

마우스 왼쪽
버튼 클릭

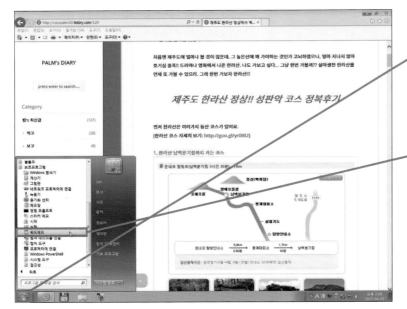

마우스 왼쪽
버튼 클릭

마우스 왼쪽
버튼 클릭

**참고!**

**'1) 아래한글로 저장하기'**에서 **01~07**
번까지의 과정과 똑같이 복사할 내용
을 블록으로 설정하여 [복사] 명령을
실행한 후의 과정입니다.

**02** [워드패드]가 실행되면 마우스 오른쪽 버튼을 클릭한 후 [붙여넣기]를 클릭합니다.

마우스 오른쪽
버튼 클릭

붙여넣기(P)

마우스 왼쪽
버튼 클릭

**03** 블록으로 설정한 내용 중에서 글자만 붙여넣기가 됩니다. 저장하기 위해서
[저장]을 클릭합니다.

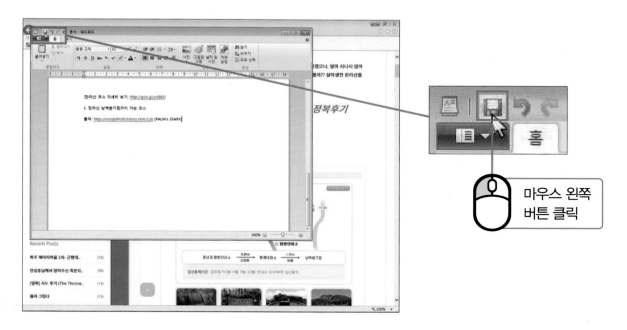

마우스 왼쪽
버튼 클릭

**04** [파일 이름] 입력란이 블록으로 설정되면 저장할 파일 이름(한라산)을 입력하
고 [저장]을 클릭합니다.

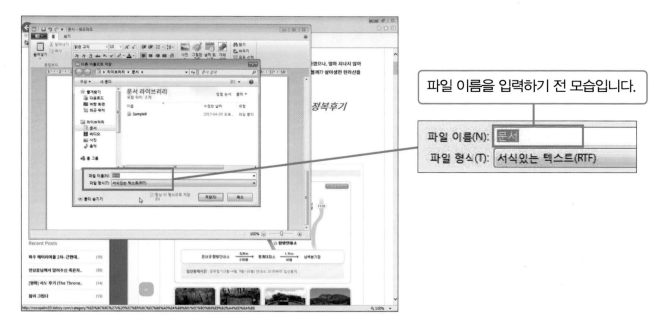

파일 이름을 입력하기 전 모습입니다.

파일 이름(N): 문서

파일 형식(T): 서식있는 텍스트(RTF)

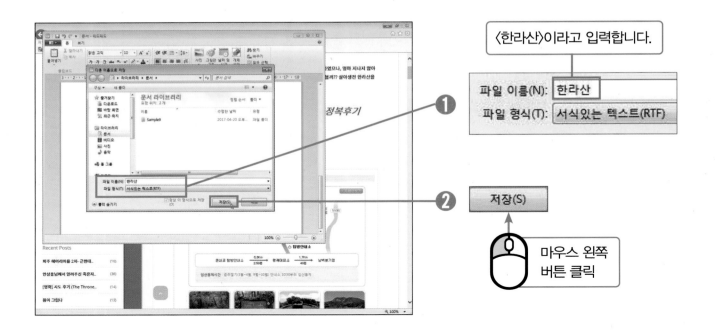

〈한라산〉이라고 입력합니다.

파일 이름(N): 한라산
파일 형식(T): 서식있는 텍스트(RTF)

저장(S)

마우스 왼쪽
버튼 클릭

**05** 문서의 이름이 [문서]에서 [한라산]으로 바뀝니다.

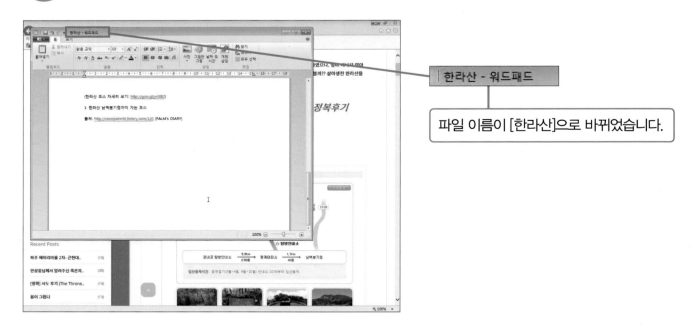

한라산 - 워드패드

파일 이름이 [한라산]으로 바뀌었습니다.

# 제 18장

## 네이버
## (www.naver.com)
## 메일 사용하기

네이버에서 메일을 보내고 메일을 읽은 후 답장을 보내 보겠습니다.

# Section 01

# 메일 보내기

상대방의 이메일 주소를 입력해서 메일을 보내 보겠습니다.

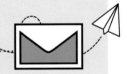

**01** 네이버에 로그인한 후 [메일]을 클릭합니다.

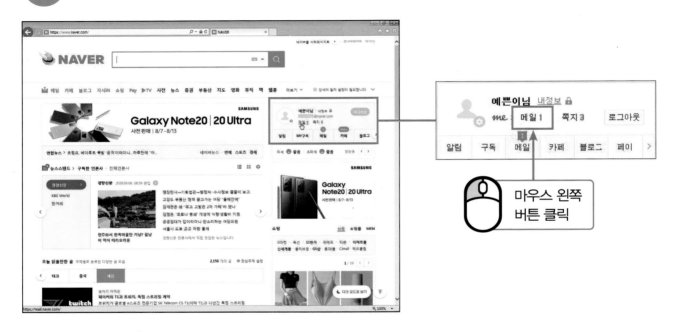

마우스 왼쪽
버튼 클릭

---

## 팁! 메일에서 사용하는 아이콘 보기

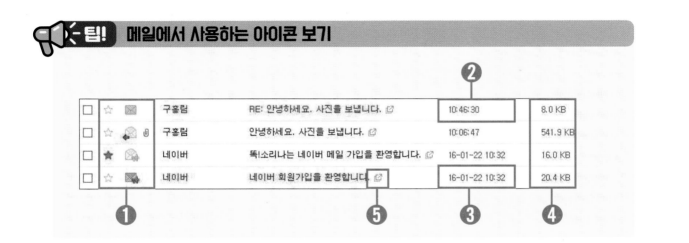

| | | | | |
|---|---|---|---|---|
| ☆ ✉ | 구홍림 | RE: 안녕하세요, 사진을 보냅니다. | 10:46:30 | 8.0 KB |
| ☆ ✉ 📎 | 구홍림 | 안녕하세요, 사진을 보냅니다. | 10:06:47 | 541.9 KB |
| ★ ✉ | 네이버 | 똑!소리나는 네이버 메일 가입을 환영합니다. | 16-01-22 10:32 | 16.0 KB |
| ☆ ✉ | 네이버 | 네이버 회원가입을 환영합니다. | 16-01-22 10:32 | 20.4 KB |

❶       ❺     ❸     ❹

❶ ✉ : 메일을 읽지 않았습니다.

   ◀ : 메일을 읽고 답장을 보냈습니다.

   📎 : 메일에 첨부 파일(사진, 동영상, 문서 파일 등)이 있습니다.

   ★ : 중요한 사람에게서 온 메일입니다.

❷ 내가 메일을 읽은 시간

❸ 상대방이 메일을 보낸 시간

❹ 메일의 크기

❺ 🗗 : 메일을 새 창에서 읽습니다.

<br/>

**02** [메일쓰기]를 클릭한 후 [받는 사람] 입력란을 클릭하고 받을 사람의 이메일 (전자우편) 주소를 입력합니다. 제목 입력란을 클릭하여 제목을 입력하고 내용 입력란을 클릭한 후 내용을 입력하고 [보내기]를 클릭합니다.

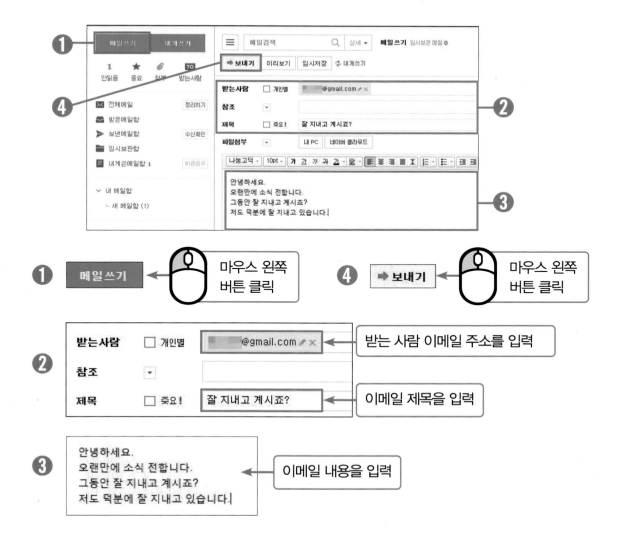

**03** 메일을 성공적으로 보냈다는 메시지가 나오면 주소록에 메일 주소를 저장하기 위해 이름을 입력하고 ★(중요 인물)을 클릭한 후 [주소록에 저장]을 클릭합니다.

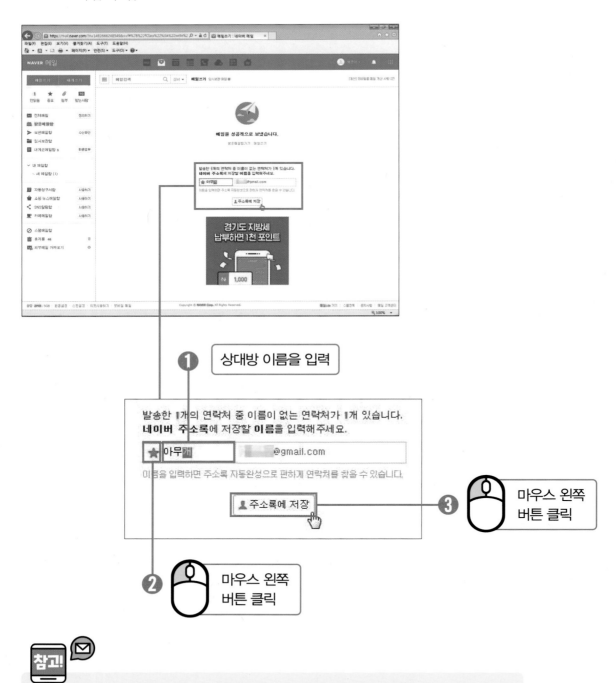

**1** 상대방 이름을 입력

발송한 **1**개의 연락처 중 이름이 없는 연락처가 **1**개 있습니다.
**네이버 주소록**에 저장할 **이름**을 입력해주세요.

★ 아무개          @gmail.com

이름을 입력하면 주소록 자동완성으로 편하게 연락처를 찾을 수 있습니다.

👤 주소록에 저장

**3** 마우스 왼쪽 버튼 클릭

**2** 마우스 왼쪽 버튼 클릭

**참고!** 📧

★(중요 인물)을 표시하면 이 사람에게서 메일이 왔을 때 표시를 해 줍니다.
[주소록에 저장]을 하면 이후에 메일을 보낼 때는 메일 주소를 입력하지 않아도 됩니다.

# Section
# 02
# 메일 읽고 답장하기

다른 사람이 내게 보내온 메일을 읽고 답장을 보내 보겠습니다.

**01** 받은 메일함을 눌러서 나에게 온 메일을 클릭합니다.

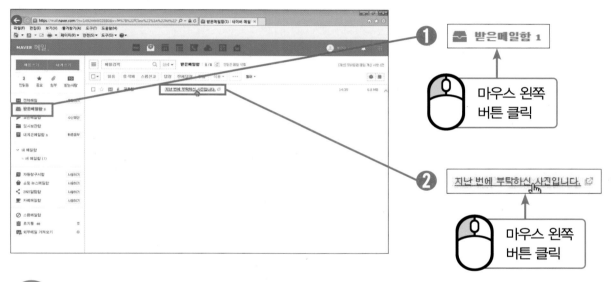

➊ 📩 받은메일함 1

마우스 왼쪽
버튼 클릭

➋ 지난 번에 부탁하신 사진입니다. ☐

마우스 왼쪽
버튼 클릭

**02** 내용을 읽어 본 후 첨부 파일로 온 사진을 저장하려면 사진을 마우스 오른쪽 버튼으로 클릭한 후 [다른 이름으로 사진 저장]을 클릭합니다.

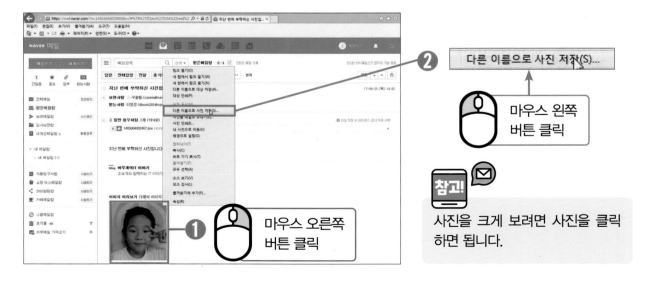

➋ 다른 이름으로 사진 저장(S)...

마우스 왼쪽
버튼 클릭

➊ 마우스 오른쪽
버튼 클릭

참고!

사진을 크게 보려면 사진을 클릭
하면 됩니다.

**03** [파일 이름] 입력란이 블록으로 설정되면 파일 이름을 입력하고 [저장]을 클릭한 후 [답장]을 클릭합니다.

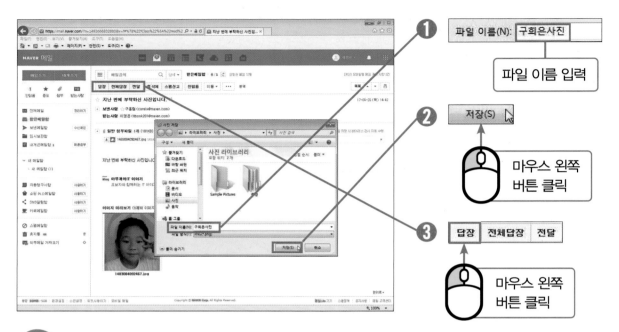

**04** 내용을 입력할 입력란을 클릭한 후 내용을 입력하고 [보내기]를 클릭합니다.

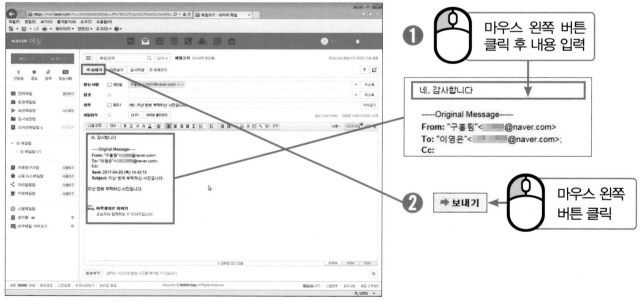

제목을 입력하지 않아도 [답장]을 클릭하면 상대방이 보낸 제목 앞에 자동으로 'RE'가 붙습니다.
[답장]을 클릭하면 상대방이 보낸 메일의 내용이 그대로 남아 있습니다.

# 제 19장

# 다음
## (www.daum.net)
# 메일 사용하기

[다음]에서 메일을 보내고 나에게 온 메일을 읽고 답장을 보내 보겠습니다.

# Section
# 01

## 메일 보내기

처음으로 보내는 메일이므로 상대방의 메일 주소를 입력해야
합니다. 메일을 보낸 후 상대방의 메일 주소를 저장하겠습니다.

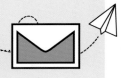

**01** [다음]에 아이디와 비밀번호를 입력하고 로그인한 후 [메일]을 클릭합니다.

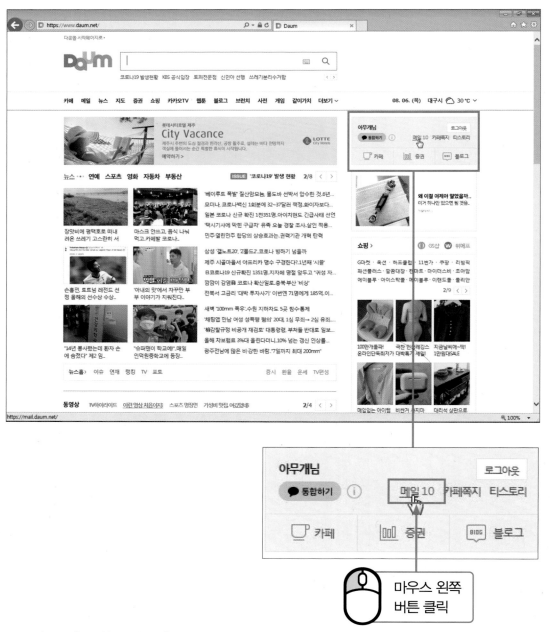

마우스 왼쪽
버튼 클릭

**02** [메일쓰기]를 클릭한 후 [받는 사람] 입력란에 받을 사람의 이메일 주소를
입력하고 제목과 내용을 입력합니다. 파일을 첨부하기 위해 [파일 첨부하
기]를 클릭합니다.

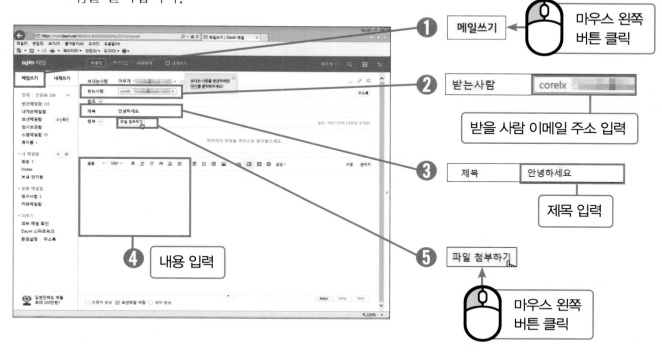

**03** [열기] 창에서 ▼를 클릭한 후 첨부할 파일이 있는 디스크 드라이브를 선택합
니다.

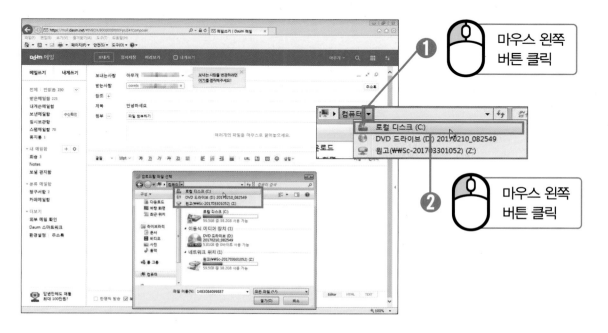

**04** 첨부할 파일이 있는 폴더를 더블클릭합니다.

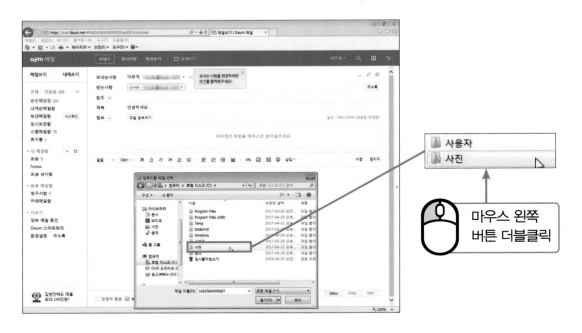

마우스 왼쪽
버튼 더블클릭

**05** 첨부할 파일을 선택한 후 [열기]를 클릭하고 [보내기]를 클릭합니다.

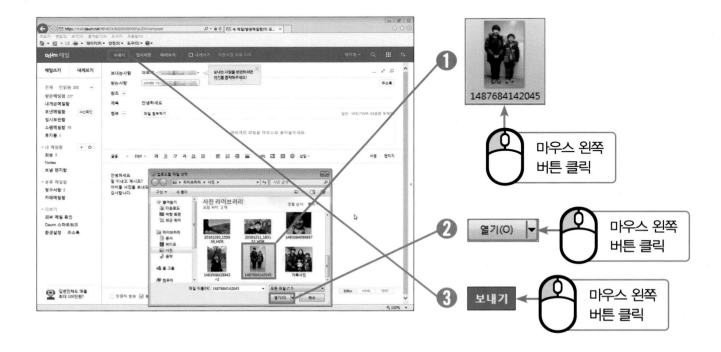

**①** 마우스 왼쪽
버튼 클릭

**②** 마우스 왼쪽
버튼 클릭

**③** 마우스 왼쪽
버튼 클릭

메일이 발송되면 [확인]을 클릭합니다.

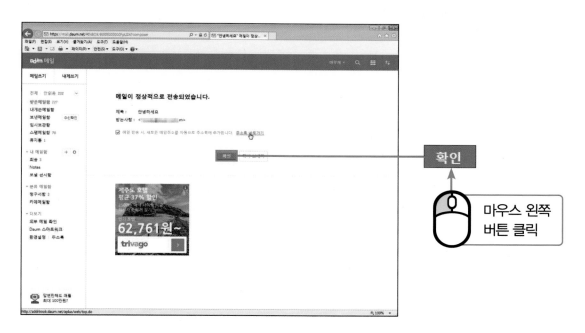

확인

마우스 왼쪽
버튼 클릭

## 팁! 메일에서 사용하는 아이콘 보기

메일을 클릭하면 여러 가지 모양의 아이콘이 있는데 다음과 같은 의미를 가지고 있습니다.

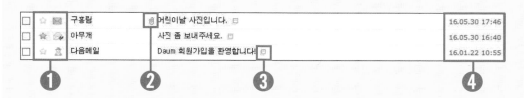

① ✉ : 메일을 읽지 않았습니다.

✉ : 메일을 읽고 답장을 보냈습니다.

⭐ : 중요한 사람에게서 온 메일입니다.

② 📎 : 메일에 첨부 파일(사진, 동영상, 문서 파일 등)이 있습니다.

③ 🗐 : 메일을 새 창에서 읽습니다.

④ 상대방이 메일을 보낸 시간

# Section

# 02

# 메일 읽고 답장하기

다른 사람이 내게 보내온 메일을 읽고 답장을 보내 보겠습니다.

**01** [받은메일함]에서 읽지 않은 편지를 클릭합니다.

- **악성 코드** : 컴퓨터를 망가트릴 악의적인 목적으로 다른 사람의 컴퓨터에 프로그램을 설치하는 것을 말합니다. 악성 코드에 감염되면 컴퓨터의 성능 저하, 파일 삭제 등의 증상이 나타납니다. 악성 코드를 막기 위해서는 모르는 사람이 보낸 메일은 열지 않는 것이 좋습니다.

- **스팸 메일** : 발신자와 수신자가 아무런 관계도 없는데 일방적으로 대량으로 발송되는 전자메일입니다.

내용을 읽은 후 [답장]을 클릭합니다.

**답장**

마우스 왼쪽
버튼 클릭

 답장 내용을 입력한 후 PC에 있는 사진을 첨부할 것이므로 [파일 첨부하기]를
클릭합니다.

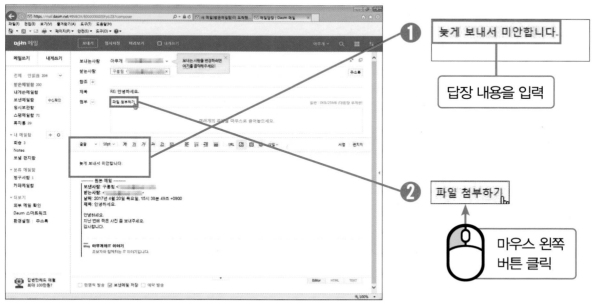

**①** 늦게 보내서 미안합니다.

답장 내용을 입력

**②** 파일 첨부하기

마우스 왼쪽
버튼 클릭

 참고!

제목을 입력하지 않아도 [답장]을 클릭하면 상대방이 보낸 제목 앞에 자동으로 'RE'가 붙습니다.
[답장]을 클릭하면 상대방이 보낸 메일의 내용이 그대로 남아 있습니다.

**04** 메일에 첨부할 사진을 키보드의 Ctrl 키를 누른 채 차례로 클릭한
후 [열기]를 클릭합니다.

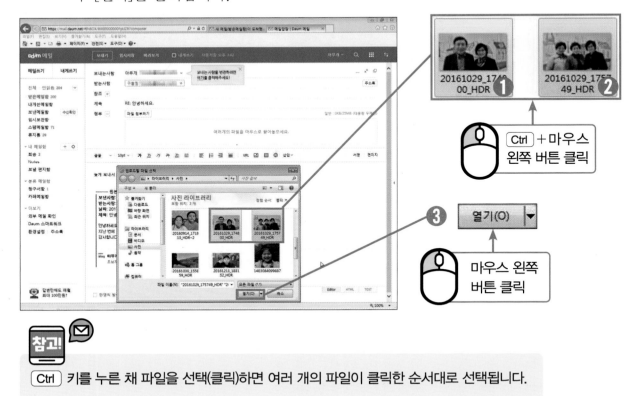

참고!

Ctrl 키를 누른 채 파일을 선택(클릭)하면 여러 개의 파일이 클릭한 순서대로 선택됩니다.

**05** 내용이 한글 문서 창에 복사되면 [파일]-[저장하기]를 클릭합니다.

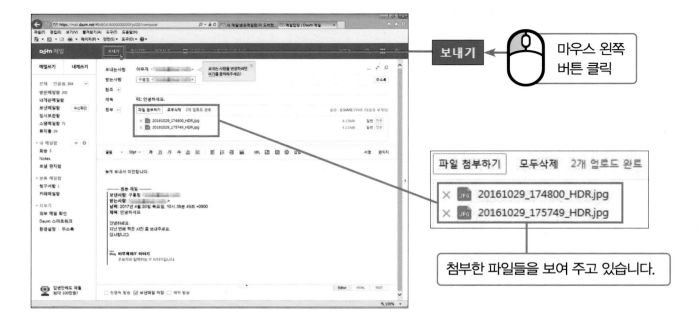

메일이 정상적으로 전송됩니다.

## 팁! 내가 메일을 제대로 보냈을까?

메일을 제대로 보냈는지, 또는 상대방이 메일을 언제쯤 읽었는지 알려면 [보낸 메일함]의
[수신확인]을 클릭하면 됩니다.

주소를 잘못 입력해서 메일을 잘못 보냈다면 [발송실패]라는 메시지가 보입니다.

받은 메일 중에서 읽지 않은 메일은 메일의 용량을 차지합니다. 특히 스팸 메일은 읽지 않게
되는데 스팸 메일을 한 번에 정리해 보겠습니다.

**01** 메일 아래의 [사용량]을 클릭합니다.

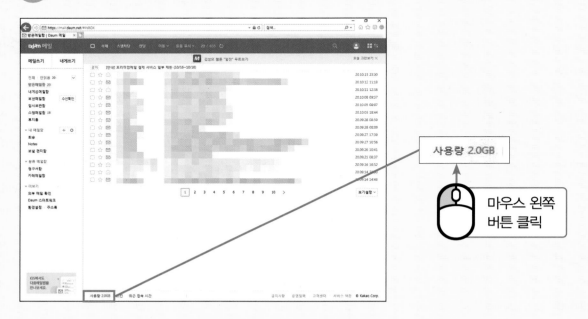

사용량 2.0GB

마우스 왼쪽
버튼 클릭

**02** [안 읽은 메일 정리]를 클릭한 후 삭제할 메일을 클릭하고 [삭제]를 클릭합니다.

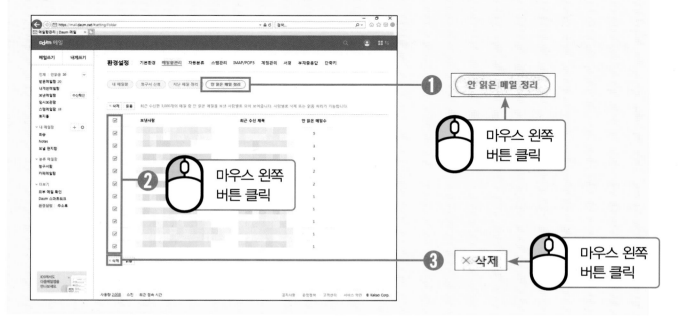

❶ 안 읽은 메일 정리

마우스 왼쪽
버튼 클릭

❷ 마우스 왼쪽
버튼 클릭

❸ ✕ 삭제

마우스 왼쪽
버튼 클릭

어른들을 위한 가장 쉬운
**컴퓨터**

어른들을 위한 가장 쉬운
컴퓨터